컨셉은
발견이다

노한나 지음

계속해서 팔리는 상품을 기획하는 새로운 관점

컨 셉 은
발견이다

청림출판

팔리는 컨셉을 찾고 싶은
여행자를 위한 안내서

2013년 겨울, 나는 도쿄 여행에서 에어비앤비^{Airbnb}를 처음 이용했다. 그 때는 엔화가 지금보다 훨씬 낮아서 도쿄로 여행 가는 것이 제주도로 여행 가는 것보다 더 저렴했다. 밤도깨비 무박 여행 패키지도 많았고 소셜커머스에서는 '비행기 타고 라멘 먹고 돌아오기' 프로그램이 쿠폰으로 쏟아지고 있었다.

나는 당시 프리랜서 방송작가였다. 시간이 자유로웠던 터라 원고에 허덕이다가도 마감일만 지나면 어김없이 도쿄행 비행기를 탔다. 한번은 여느 때와 다름없이 도쿄로 여행을 떠났는데 급하게 가다 보니 미처 호텔을 예약하지 못했다. 마침 크리스마스 시즌과 겹치는 바람에 도쿄에는 축제를 즐기기 위해 많은 사람이 모여들었고, 내가 갈 만한 수준의 비즈니스호텔은 모두 예약이 꽉 차 있었다. 나는 롯폰기 공원 언덕에서 노숙할지도 모른다는 불안에 떨며 와이파이를 찾아 검색한 끝에 에어비앤비라는 서비스를 처음 알게 되었다.

지금이야 에어비앤비가 설명이 필요 없는 유명한 서비스지만 2013년 겨울에는 우리나라에서는 들어보지 못했던 생소한 서비스였다. 호텔이 아니라 가정집에서 숙박해본 경험은 바닷가 근처 민박이 전부였다. 그런데 도시 한가운데에서 누군가의 집에 들어간다니, 도무지 상상이 가지 않았다. 더구나 가격은 비즈니스호텔의 2분의 1인 것도 신기했다. 나는 현재 위치에서 가장 가까운 집을 예약하고, 처음으로 일본인 가정집을 방문했다. 다행히 개인적인 성향인 일본인답게 주인은 우편함에 열쇠를 놓아두고 이미 집을 비워두었다. 나는 무사히 하룻밤을 보낸 뒤 서울로 돌아와 친구들에게 에어비앤비에서 묵었던 경험을 열심히 설명했다.

그 이후로 에어비앤비는 아이폰의 등장만큼이나 혁명적으로 서비스 접근 방식을 바꾸며 그들만의 비즈니스 시나리오를 발전시켜나갔다. 공유경제란 제품이나 서비스를 필요한 사람들끼리 공유하는 새로운 경제활동 모델이다. 에어비앤비는 자신의 집이 빌 때 여행객들에게 빌려주면서 수익을 얻는 형태의 서비스로 공유경제의 대표적인 비즈니스 모델이 되었다.

나는 대체로 이런 서비스를 우리나라에서보다 해외여행을 하면서 먼저 경험했다. 미국 여행 중 택시가 아닌 자신의 차로 손님을 태우는 우버 Uber를 타본 뒤 나중에서야 그 서비스도 에어비앤비 같은 공유경제 비즈니스 모델이라고 부른다는 사실도 알게 되었다.

이처럼 해외여행 중 먼저 사용했던 서비스가 꽤 많았다. 그것이 우리나라의 실정에 맞춰 변형된 형태로 자리 잡고 우리가 사용하기까진 적어도 1년에서 2년 이상의 시간이 흘러야 했다. 그리고 그런 흐름이 물건과 음식에도 똑같이 적용된다는 사실 또한 알게 되었다. 도쿄 여행 중 편의점에서 맛있게 먹었던 모찌 쿠키가 몇 년 후 우리나라 편의점에 진열된 걸 보기도 했다. 홍콩 여행 중에 신기하다고 생각했던 물병이 얼마 후 우리나라 마트에서 판매되고 있는 것도 보게 되었다. 핀란드 여행 중에 관람했던 이딸라 유리컵 전시는 머지않아 국내 백화점 전시로 다시 만날 수 있었다. 물건과 서비스가 바다를 건너 오가기를 무수히 반복하고 있는 것만 같았다. 물론 우리나라의 서비스와 물건 또한 바다 건너 어딘가에서 사용되고 있을 것이다.

차이를 발견하는 즐거움

나는 어쩌다 보니 그동안 21개국을 여행했다. 그렇게 세계를 돌며 수많은 아이템을 만났다. 그 물건들은 내게 무척 다양한 인사이트를 안겨주었다. '아이템', 곧 '물건'은 그곳에 살고 있는 이들의 습관과 이야기로 가득 채워져 있었다. 또한 같은 물건이라 해도 나라마다 사용하는 방식, 표현하는 디자인이 달라서 흥미로웠다. 똑같은 포크를 사용하면서도 그들이 살고 있는 곳에 따라 포크의 꺾임 정도와 크기가 달랐다. 나는 그 차이를 발견하는 것이 재밌었다. 각 나라의 범위는 경계가 되고 그 경계가 겹치면 비슷한 아이템을 만들어내기도 하다가 또 자기만의 독자적인 아이템을 만들어내기도 하면서 사용자마다 분명한 차이를 보여주었다. 그 차이를 기록하는 것이 나의 여행 습관이 되었고, 우리나라로 돌아와 사람들에게 내가 발견한 아이템을 추천하기도 했다. 그러다 결국 각 나라의 아이템들을 언어의 장벽 없이 구매할 수 있는 셀러문sellermoon이라는 서비스를 만들었다.

셀러문은 해외에 살고 있는 사람들이 현지에 있는 온·오프라인 상점의 상품을 한국에 있는 소비자에게 공유하면서 수익을 얻는 해외상품 거래 플랫폼이다. 처음 경험했던 에어비앤비를 2년 후 한국에서 이용할 수 있게 된 서비스의 흐름처럼, 물건도 바다를 건너오는 흐름(유통의 단계)이 있고 보통은 그 흐름에 너무 많은 시간이 든다는 사실을 알게 되었다. 그래서 방금 해외에서 발견한 또는 경험한 물건을 한국에서 지금, 바로 사용할 수 있는 방법이 필요하다고 생각했다. 그 문제를 발견하자 사람들이 왜 해외상품을 구매하는지에 집중하게 되었다.

하지만 서비스를 만들어내는 일이 내 삶을 예측 불가능하게 바꾼다는 생각은 하지 못했다. 창업할 때만 해도 나는 IT라는 단어가 익숙하지 않은, 책을 좋아하는 사람일 뿐이었다. 플랫폼은 기차역에만 있는 줄 알았고, 앱, iOS, 안드로이드, 스타트업 같은 모든 단어가 생소했다. 그런 내게 예측 불가능한 사건이 연이어 생겨나면서 세계 최고의 IT 컨퍼런스인 모바일 월드 콩그레스Moblie World Congress, MWC에 참가하게 되고, 삼성벤처투자에서 시드투자(초기투자)를 받으면서 우연히 사업을 시작하게 되었다. 예측 불가능한 사건이 때론 삶에 생동감을 줄 때가 있다지만 지금 생각해도 이런 뜻밖의 사건으로 사업에 뛰어들게 된 건 생동감을 넘어서 위험한 일이었다. 당시 나는 시장 환경에 대한 이해도 없었고, 첫 고객을 내가 만든 플랫폼으로 모으는 방법도 몰랐다. 그래서 수많은 시행착오를 겪었다. 지금도 여전히 실수를 반복하며 나아가는 중이다.

하지만 이제는 셀러문이라는 서비스가 한국 직구 시장을 포함하는 동시에 기존의 직구 시장에서 살 수 없던 해외상품을 구매하는 새로운 방법으로 영역을 만들어가고 있다고 자부한다. 백화점, 이커머스 등의 대기업 MD들이 회사로 찾아와 제휴를 요청하는 것을 보면 적어도 '아이템'에 관해서는 셀러문만의 고유한 영역이 있다고 확신한다.

결국 답은 아이템에 있었다. 단순히 차이를 발견하는 습관이었던 '기록'이 곧 물건의 본질을 꿰뚫는 '핵심'이 되면서 사업이 첫발을 내디뎠고, 이제는 셀러문이라는 새로운 프레임 안에서 물건이라는 열쇠를 하나씩 발견해가고 있다.

아이템과 브랜드를 찾아내기까지

물건이라는 건 곧 판매가치가 있는 상품이고, 상품은 결국 사람들에게 필요한 아이템이다. 사업을 시작하면서 아이템의 정의를 새롭게 내리게 되었는데, 이는 셀러문이라는 프레임을 만드는 중요한 역할을 했다.

지극히 주관적인 분류지만 나는 모든 해외상품을 '아이템'과 '브랜드'로 구분 지었다. 브랜드는 기업의 이미지가 분명해서 이름만 들어도 우리가 알고 있는 상품이다. 나이키, 스타벅스, 입생로랑, 자라ZARA 같은 상표 등이다. 반면에 우리가 이름을 들어도 모르거나 명칭만으로는 상상할 수 없는 상품이 있다. 나는 브랜드 외 모든 카테고리의 상품을 '아이템'이라고 기준 삼았다. 어느 물건을 아이템이라 통칭하는 것은 상표와 명성의 힘이 아닌 물건의 목적만 생각하고 그것을 판단할 수 있기 때문이다. 누군가 요즘 좋은 사업 정보가 없냐고 물었을 때 '아이템이 필요한데 말이야'라고 중얼거리는 것처럼 목적이 명확한 물건, 상품화되는 물건이라는 걸 기준으로 삼을 때는 '아이템'이라는 단어가 적절해 보였다.

나는 이런 기준으로 브랜드와 아이템을 구분하고 각각 다른 판매 전략을 펼쳤다. 그동안 해외여행에서 인사이트를 받았던 아이템에 대한 기록은 상품을 판매하는 전략을 만드는 데 도움이 되었다. 해외에서 만난 아이템의 발견들이 물건에 담긴 의도를 알아차리는 과정이 된 것이다. 무수한 아이템들 속에서 상품 각각의 본질에 집중하자 팔리는 아이템을 만드는 창조자의 마음을 이해하게 되었고, 상품에 가치를 더하는 노하우가 생겨났다. 1장에서 7장까지는 그 기록을 담았다.

사실 '브랜드'에 대한 이해는 셀러문 서비스를 하면서 점차적으로 쌓은 것에 가깝다. 해외여행 중 그 나라의 기업들을 직접 만나며 브랜드를 겪어보았지만 그것은 지극히 상황적 뉘앙스에 가까운 것이어서 같은 브랜드도 현지의 시장 반응과 한국의 시장 반응이 달랐다. 시공간의 한계를 뛰어넘어 모든 고객의 충성을 얻는 완벽한 브랜드란 없다는 사실 또한 셀러문 서비스를 운영하면서 알게 되었다. 대신 변화무쌍한 브랜드 트렌드를 읽는 노하우가 쌓여갔고 그 내용을 8장에 담아내었다.

누구나 비즈니스 인사이트를 찾아낼 수 있다

지금 내가 갖고 싶은 물건을 한번 떠올려보자! 당신은 1초도 안 되어 바로 갖고 싶은 걸 떠올릴지도 모른다. 잠들기 전 침대에 누워서 SNS 광고로 본 옷이나 블루투스 이어폰을 갖고 싶을 수도 있다. 우리의 일상에서는 갖고 싶은 물건들이 문득문득 생겨난다. 매일 아침 출근을 준비하면서 입을 옷이 없어 투덜거리기 때문이고, 퇴근길 지하철 소음에서 벗어나 듣고 싶은 음악으로 두 귀를 가득 채울 블루투스 이어폰이 간절하기 때문이다. 이처럼 우리가 '갖고 싶은 것들'은 우리의 일상과 긴밀히 연결되어 있다. 갖고 싶다는 생각은 일상에서 출발하고, 자신만의 경험을 물건에 부여해 특별한 가치를 만들어냄으로써 일상을 확장하기 때문이다.

이러한 연장선에서 해외 아이템은 더욱 특별해진다. 그곳에만 있고 지금 이곳에는 없는 것들이기 때문이다. 다른 나라에서 구입한 물건을 잃어버리거나 소모하고 나면 다시 가질 수 없다는 아쉬움에 괜한 애착이 생기기도 한다. 누구나 한 번쯤은 이국적인 물건을 쓰면서 일상에 변화를 준다는 환상에 설레기도 하고, 익숙하지 않은 독특한 기능 덕분에 타인의 시선을 받으며 더욱 신이 난 경험이 있을 것이다. 사람들은 해외 제품을 구매하면서 갖고 싶어 하는 물건을 경험 또는 상상이라는 두 가지 테두리 안에 놓아둔다.

누구보다 아이템을 잘 찾아내는 사람들은 바로 아이템을 갖고 싶어 하는 이들의 이런 마음을 누구보다 잘 알 것이다. 소유하고 싶은 이유와 물건의 쓰임을 찾아 들어가다 보면 모든 아이템은 결국 우리의 일상과 라이프스타일에 맞닿아 있다는 걸 알게 된다.

어느덧 우리가 마스크를 쓴 지도 1년이 훌쩍 지나고 있다. 코로나 팬데믹으로 해외여행이 어려워진 만큼 우리가 해외에서 직접 사용하고 경험했던 물건의 기억도 아득해졌다. 이 책을 읽으며 지난 여행의 기억을 떠올리고, 해외여행에서 만난 아이템과 브랜드 중 비즈니스와 연결할 수 있는 것들을 고민해보면 어떨까?

지금부터 함께 아이템을 발견하는 즐거움과 브랜드 셀링의 균형을 익히며 전 세계에 숨겨진 물건을 찾아 비즈니스로 바꾸는 나만의 노하우를 만들어보자.

시작하며 팔리는 컨셉을 찾고 싶은 여행자를 위한 안내서 5

1장 아이템의 탄생은 소재로부터

정치가 아이템이 될 수 있을까? 21 | 보석의 새로운 기준 29 | 맥주를 우연히
몸에 바를 때 37 | 파머스 시장의 라벤더 세탁소 45

2장 구매를 부르는 감각적인 아이템

우리 눈을 사로잡는 두 가지 55 | 손잡이가 달린 종이컵 66

3장 어떤 상품이든 명품으로 만드는 정보의 비밀

파리에서 편집숍 찾기 74 | 셰익스피어 앤드 컴퍼니 82

4장 소비자가 생각하는 합리적인 가격은?

완벽한 앤티크, 빅토리아 시대 귀걸이 97 | 프랑크푸르트 중앙역에서 만난 드
라큘라 노트 107 | 음악의 도시 빈에서 그림이란 115

5장 100년 동안 사랑받는 아이템의 조건

귀여운 무민 씨, 왜 이제야 나타났어요? 127 | 피노키오 코는 어디까지 길어질까? 136 | 스위스 5프랑의 모티프, 에델바이스 145

6장 사람들은 체험할 수 있는 물건을 구매한다

호그와트 마법 아이템과 올빼미 카페 156 | 츄파춥스와 가우디가 만날 때 167 | 에스토니아 비루 맥주 177

7장 아이템에 추억을 더하면?

헝가리에서 파프리카는 무엇일까? 190

8장 전 세계 잘나가는 브랜드의 비결

SPA는 가격과 품질의 합리성이라고? 201 | 먹는 것과 입는 것 218 | 한 번쯤 겪어봤거나 237

마치며 아이템은 발견이다 261
참고문헌 266

1
장

아이템의 탄생은 소재로부터

"상품은 어떻게 만들어지는가?"라는 질문을 받으면 우리는 보통 '소재'를 가장 먼저 떠올린다. 상품의 소재란 물건의 아이디어일 수도 있고, 물건을 이루는 재료일 수도 있고, 물건에 포함된 사회적 가치일 수도 있다.

새로운 물건은 어떻게 탄생하는 것일까? 물건은 단순히 제작자의 창의력이나 누군가의 필요로 만들어지는 것 같지만 잘 들여다보면 그 소재는 물건을 만드는 사람이 사는 지역의 문화적 관습이나 사회적 행동 양식에서 비롯된다.

원래의 형태에서 크기가 작아지고 대중화된 대표적인 아이템 두 가지를 생각해보자. 바로 '샹들리에'와 '포크'다. 영화나 드라마에서 궁전의 넓은 홀 천장에 예술품에 가까울 만큼 거대한 샹들리에가 주렁주렁 달린 걸 본 적이 있을 것이다. 샹들리에는 처음 등장했을 때, 촛불이 빛에 반사돼 더욱 빛나도록 주변을 크고 화려한 크리스털로 둘러싼 형태였다. 하지만 왕정 시대를 지나 혁명을 거치면서 귀족과 특권층만 사용했던 샹들리에를 부르주아 등 시민들도 가질 수 있도록 크기를 점차 작게 만들어 대중적으로 확산시켰다. 현대에는 크기뿐 아니라 디자인도 유행에 따라 단순하게 변형함으로써 더욱 다양해졌다.

그렇다면 포크는 어떨까? 포크는 원래 요리할 때 익힌 고기를 집어내는 데 쓰던 뾰족하고 큰 형태의 조리도구였다. 지금처럼 식탁에서 포크를 사용한 지는 얼마 되지 않는다. 그동안 유럽 식탁에는 스푼과 나이프만 놓여 있었는데 11세기 베네치아에서 처음으로 요리사의 조리도구였던 포크를 작게 만들어 나이프와 스푼 옆에 나란히 두고 사용했다. 하지만 그 후로도 몇 세기가 지나도록 사람들은 여전히 스푼과 나이프만 사용할 뿐 포크를 사용하지 않았다. 당시에는 포크가 악마의 창과 닮아 두렵다거나 마녀를 잡을 때 사용했던 삼지창 같다는 이유로 사용이 금기시되었다. 하지만 15세기부터 유럽 식탁 예절이 바뀌고 손을 사용하지 않게 되자 포크는 자연스럽게 식탁 문화의 하나로 정착되고 상류층에서 쓰는 고가의 상품이 되었다. 이처럼 포크는 한 사람의 아이디어만으로는 확장되지 못하다가 사회·문화적 변화에 따라 어느 순간 가치가 올라간 예로 설명하기에 적절한 아이템이다.

각각의 물건이 저마다 지닌 역사를 살펴보면 시작은 개인, 즉 만들어낸 이의 의도대로 쓰이지만, 그 목적과 쓰임은 시간이 지나며 더 큰 영역으로 확장된다. 우리는 이것이 어떻게 흐르는지 분명히 바라볼 줄 알아야 한다.

오늘날 끊임없이 생산되고 소비되는 아이템도 마찬가지다. 동시대를 살아가는 사람들이 사용하는 물건이라 하더라도 어느 영역에서 어떤 생각으로, 그리고 어떤 문화에서 사용하느냐에 따라 목적은 달라진다. 모든 물건에는 그것이 속한 영역의 라이프스타일이 반영된다.

지금도 우리는 끊임없이 무언가를 만들고 소비한다. 태어나고 사라지는 수많은 아이템 중에서 팔리는 아이템만의 특별한 이유(물건의 의도)를 찾아낼 수 있을까? 그 답을 찾기 위해서라도 우리는 더욱 물건의 소재가 어디에서부터 비롯되었는지 생각해보아야 한다.

정치가 아이템이 될 수 있을까?

———————— 헤이스밸리 334상점 ————————

샌프란시스코 다운타운 서쪽에 자리한 알라모스퀘어와 시빅센터 사이에
는 헤이스밸리^{Hayes Valley}라는 독특한 거리가 있다. 그곳은 아기자기한 상
품이 진열된 편집숍, 와인과 마카롱을 파는 디저트 카페와 점심시간이면
길게 줄이 늘어서는 레스토랑 같은 다양한 상점이 오밀조밀 모여 있는
쇼핑가다. 날이 좋을 때면 사람들은 퍼트리샤스 그린 공원에서 아이스크
림을 먹으며 자유롭게 햇볕을 즐기거나, 현지에서는 블루보틀보다 더 주

—— 개성 있는 헤이스밸리의 풍경과 리추얼 커피 로스터스

목받는 카페인 리추얼 커피 로스터스Ritual Coffee Roasters를 방문하기 위해 이곳으로 온다. 샌프란시스코 오페라하우스와도 가까워 공연이 있는 주말이면 새롭고 트렌디한 분위기를 즐기는 사람들로 북적이는 핫플레이스다.

미국에 있는 멕시코 상점

헤이스밸리는 여느 소호 거리와 다르게 브랜드 상점 하나 없이 개성 있는 로컬 상점으로만 거리가 가득하다는 것이 특징이다. 이곳의 로컬 상점은 크게 세 부류로 나뉜다. 독특한 디스플레이와 디자인이 돋보이는 옷 가게, 액세서리나 소품과 같은 장식을 판매하는 부티크 숍, 그리고 골동품이나 조각 작품을 전시한 갤러리 형식의 작은 스튜디오다.

특색 있는 상점들이 거리 바깥까지 넘쳐나듯이 생기고 있어서 어디까지가 헤이스밸리인지 분명하지 않기 때문에 마음에 드는 상점을 다시 찾기 위해서는 거리의 이름(St.)과 상점 문에 적힌 고유 숫자를 기억해두어야 한다.

내가 발견한 334상점은 오크가와 고프가 사이에 위치해 있었다. 이곳을 걷던 중에 사람들이 줄지어 선 레스토랑 압생트Absinthe 맞은편에서 붉은빛을 뿜어내고 있는 이곳을 우연히 발견했다. 마침 상점 주인이 벽에 걸려 있던 녹색의 그림을 아래로 내리고 있었는데, 건너편에서 그걸 본 나는 붉은빛을 가득 채운 상점을 배경으로 도드라지는 녹색의 신비함에

—— 붉은빛의 헤이스밸리 334상점

자석처럼 이끌려 들어갈 수밖에 없었다.

헤이스밸리 334상점은 멀리서 보면 커다란 캔버스 그림과 나무 조각 작품이 전시된 작은 작업실 겸 스튜디오 같지만, 막상 들어가 진열된 상품을 찬찬히 보면 작품보다 소품에 가까운 물건이 가득한 편집숍 같은 느낌이다. 오른쪽 쇼윈도 앞에는 특

정한 장소를 배경으로 하는 사진 액자를 판매 중이었고(액자 아래에 붙은 가격 라벨을 보고서야 상품이라는 걸 알았다), 그 아래에는 천연양모 스카프와 핸드메이드로 만든 원석 목걸이, 그리고 귀걸이와 반지 종류의 액세서리 등 다양한 패션잡화가 놓여 있었다. 특히 이 상점에는 프리다 칼로를 오마주한 그림들이 많았는데 포크아트처럼 소품에 페인팅이 된 감각적인 그림 액자들은 인테리어로 사용할 수 있는 것들이었다. 가격은 큰 작품을 제외하면 50~110달러(한화 약 6만~13만 원)로 부담스럽지 않은 가격대였다.

이쯤 되면 334상점의 정체가 궁금해진다. 이곳에 있는 물건은 각각의 개체로 다양성을 가진 것 같지만 붉고 밝은 화려한 색채로 톤이 비슷했고 '죽음'을 테마로 하는 그림이 많았다. 처음 상점 문을 열고 만난 초록색 그림을 보고 미국 작가 에드워드 호퍼의 작품이냐고 물었더니 상점 주인은 어깨를 들썩이며 알 수 없는 표정으로 멕시코 작가라고만 대답했다. 알고 보니 이 상점은 멕시코 작가들의 작품과 멕시코 핸드메이드 상품만 판매하는 곳이었다.

나는 가게 안을 두리번거리다 판화 하나를 발견했다. 작은 이젤 위에 올려놓은 액자 안에는 네모난 판화가 들어 있었는데 가까이 다가가지 않으면 모양을 확인할 수 없을 만큼 아주 작은 그림이었다. 나는 호기심에 더 가까이 다가갔다. 그리고 발걸음을 멈출 수밖에 없었다. 그 판화가 상점의 모든 것을 설명하고 있었기 때문이다.

—— 각양각색의 소품들과 헤이스밸리 334상점의 메시지가 담긴 판화

판화에는 미국인으로 추정되는 한 백인이 별 모양이 그려진 모자와 부츠를 착용하고 한 손에는 인디언을 닮은 동양인의 목을 틀어쥔 채 한 발로 멕시코인일지 모르는 또 다른 이의 허리를 밟고 있었다. 그림 주변으로는 부츠 선을 따라 'I RULE(내가 법이다)', 도마뱀 몸을 따라 'ARROGANCE(오만)', 그 아래 리본에 'SOBERBIA(거만)'라는 글이 적혀 있었다. 판화는 마치 무언가를 증명하기 위해 만들어진 인장처럼 작은 사각형의 백지 위에 분명하게 찍혀 있었다.

그림에서 괴롭힘을 당하는 사람이 멕시코인인지는 알 수 없지만, 그림만으로도 다양한 해석을 유추할 수 있었다.

첫째, 이것은 현재 국경을 넘나드는 난민을 대하는 미국인의 태도를 풍자한 정치적 메시지의 그림이 아닐까? 2018년 중남미 난민들이 멕시코를 거쳐 미국으로 오기 위해 대규모 카라반Caravan(온두라스 등 중남미 국가에서의 마약과 폭력 사태를 피해 북상하는 이주자 행렬)을 이루는 사건이 있었다. 그때 미국은 국경에 병력을 배치한 뒤 최루탄을 사용해 난민들을 진압했다.

둘째, 이 그림을 역사적 배경으로도 생각해볼 수 있다. 1810년 아르헨티나로부터 독립한 멕시코는 LA를 포함해 캘리포니아 여러 도시에 살고 있었다. 그때 동부에서 서부로 영역을 넓히던 미국은 미합중군을 결성해 1846년 팔로알토Palo Alto 교전으로 멕시코군을 격파하고 과달루페 이달고 조약(미국이 영토전쟁을 마치기 위해 멕시코에게 불리한 조건을 요구하며 맺은 조약)을 맺었다. 이 과정에서 미국은 멕시코로부터 뉴멕시코, 캘리포니아, 콜로라도, 애리조나, 네바다, 유타 주를 할양받아 지금의 미국 서부를 확보했다.

그림은 단지 멕시코인의 시선으로 그린 미국인의 모습일 수도 있지만, 미국 샌프란시스코의 334상점에 이 판화를 놓아두었다는 건 과거 멕시코의 영토였던 이곳에 그들의 흔적을 보여주기 위한 작은 표명일지도 모른다.

액자 속 판화를 유추해보니 이 상점의 그림과 소품 들이 한눈에 다른 시각으로 들어왔다. 디테일한 나무 조각 소품과 일상적인 공간을 찍은 사진들, 붉고 화려한 해학적인 그림들은 멕시코를 상징하는 다채로운 표현이었다. 열악한 환경과 여건에서도 묵묵하게 무언가를 만들어내던 그들의 생활 방식이 이해되는 동시에 그들이 역사를 바라보는 덤덤한 태도가 물건에서 전해졌다.

나는 상점을 나오며 판화 액자 곁에 놓인 빨간 큐빅이 있는 귀걸이를 50달러(한화 약 6만 원)에 구매했다. 잡화 상점으로 보이는 이곳의 물건들이 전하는 메시지를 이해해보고 싶었기 때문이다.

'그렇다면 이 상점의 물건들은 소비재로 봐야 할까 소장품으로 봐야 할까?'

미술작품은 얼마나 많은 사람이 소장하고 싶어하느냐에 따라 가치가 달라진다. 하지만 334상점의 작품은 가격이 곧 소장의 기대치는 아니었다. 그보다는 일상의 만족을 소비하는 물건에 가까웠다. 어쩌면 이곳은 소비재와 소장품의 경계를 허무는 새로운 형태의 상점일지도 모른다.

헤이스밸리 334상점에 진열된 물건의 의도를 공감하는 사람은 이 판화를 구입해 식탁 한편에 걸어놓음으로써 멕시코와 미국의 정치 관계를 기억할 수 있다. 누군가는 내가 샀던 귀걸이처럼 화려하지만 쓸쓸한 정서가 묻어나는 장식을 구매하면서 남미 난민들의 고충을 기릴 수도 있다. 하지만 또 누군가는 아무런 의식 없이 단지 색이 마음에 들어 이 상점의 인형을 구입할 수도 있고, 누군가는 필요에 의해 양모 스카프를 구입할 수도 있다.

물건의 사용 그리고 소비재가 퍼지는 과정은 이처럼 다각도에서 이루어지지만 출발선만큼은 분명하다. 물건에는 그것을 만드는 사람의 의도가 담긴다. 그리고 만드는 사람들은 분명한 사용 목적을 생각하고 그들이 살고 있는 영역 범위 안에서 소재를 얻는다. 때로 그것은 물질이 아니라 정치, 역사, 문화와 같은 무형의 것일 수도 있다. 그것이 바로 내가 헤이스밸리 334상점에서 빨간 큐빅 귀걸이를 산 이유일 것이다.

보석의 새로운 기준

— 아질 부티크 —

'부티크boutique'라는 말은 어원이 참 재미있다. 프랑스어로 '누추하고 지저분한 창고'라는 뜻이었던 그 단어가 20세기로 넘어오면서 '작은 가게'를 의미하게 되었다. 감각이 뛰어난 파리지앵들이 직접 디자인한 의상이나 향수, 액세서리 들을 모아 판매하던 곳을 부티크라 불렀는데, 지금은 개성 있는 작은 규모의 가게를 특정 카테고리 없이 지칭하는 대명사가 되었다.

자연 원석으로 보석 만들기

샌프란시스코는 공기가 정말 상쾌하다. LA공항은 내리기만 해도 마리화나와 노숙자 냄새가 풍기지만 샌프란시스코 공항에서는 그런 퀴퀴한 냄새의 흔적도 없다. 물론 유니언스퀘어가 있는 다운타운에는 노숙자들이 샌프란시스코의 화창한 사계절을 만끽하고 있다지만 LA나 동부 지역에 비하면 비교적 깨끗한 편이다. 샌프란시스코는 길도 깨끗하고 햇살은 맑으며 바다가 가까워 공기가 늘 정화되는 느낌이다. 팔로알토나 소살리토 Sausalito처럼 외곽으로 나가면 단단한 목재 저택들이 눈에 띄는데 대체로 샌프란시스코 북서쪽 숲에서 자라는 거대한 나무인 레드우드Red Wood로 지은 집들이다.

캘리포니아 북서쪽에 숲을 이루어 사는 이 나무들은 대부분 수령이 2500~3000년으로 상당히 길고, 거목 하나만으로 테이블 2000개를 만들 수 있을 만큼 크기가 크다. 레드우드는 불에 잘 타지 않고 썩지 않는 장점이 있어 미국에서 가구나 목책으로 많이 사용된다.

샌프란시스코의 공기가 깨끗한 이유는 이처럼 주변의 자연환경 덕분이다. 시에라네바다산맥과 태평양을 끼고 있는 바다, 그리고 뮤어우즈Muir Woods 같은 거대한 산과 숲은 이곳 사람들에게 자연에 대한 깊은 애정을 지니게 한다.

샌프란시스코의 자연을 극찬하게 된 이유는 맑은 공기 이외에 아직

—— 샌프란시스코에서 본 레드우드로 만든 집. 정원에는 수령이 100년은 넘어 보이는 거대한 나무가 있었다.

부티크azil boutique라는 작은 상점 덕분이기도 하다. 이 상점 역시 헤이스밸리에서 만났는데 이곳은 보석이라는 하나의 카테고리만 모은 작은 가게였다. 들어서는 입구에서 가게의 안까지는 대여섯 걸음밖에 되지 않을 만큼 작았지만, 색상과 디자인이 다양한 보석들로 가득 채워 있었다는 점이 재미있었다. 들어가자마자 그곳의 독특한 분위기에 압도당할 수밖에 없었다.

　나무를 그대로 옮겨놓은 듯 생생한, 나뭇가지로 만든 장식대에는 수

제 보석들이 주렁주렁 달려 있었다. 상점에 진열된 아이템은 대부분 액세서리였지만 나무를 상징하는 문양의 독특한 가방이 햇볕 같은 노란 조명 아래에 놓여 있기도 했다. 디스플레이만으로도 이곳의 정체성이 자연에 초점을 맞추고 있다는 것이 분명했다.

더욱 특이한 점으로 보석 가게라고 하지만 아질 부티크에서는 흔히 쓰이는 보석을 찾아보기 힘들었다. 반짝이는 것은 대부분 금과 다이아몬드가 아닌 손수 다듬은 자연석이었다. 놀랍게도 이러한 자연석은 색상이 투박하거나 칙칙하지 않고 오묘한 빛을 띠고 있어서 금과 다이아몬드만큼이나 사람을 잡아끄는 매력이 있었다.

직원에게 보석의 색상이 참 특이하다고 이야기하자 그는 가까이에 놓인 반지 하나를 들어 조명에 비추며 흔들어 보여주었다. 그러자 빛에 따라 반지의 색이 달라졌다. 분명 회색이었던 보석이 빛을 받고 청록색으로 반짝이는 모습에 반해, 나는 물방울처럼 생긴 이 반지를 홀린 듯 구입했다. 가격은 40달러(한화 약 5만 원)로 보석이라는 명칭이 무색할 만큼 합리적이었다.

달의 보석, 장석

아질 부티크의 소재는 모두 독특하다. 이곳의 아이템이 합리적인 가격인 이유는 그 덕분이기도 하다. 반지의 프레임은 도금 가공 방식 중 하나인 골드 베르메일을 사용한다. 이 방법은 스털링 실버 위에 금을 입혀 가격은 낮추고 변색은 없다는 특징이 있다.

아질 부티크의 액세서리에 숨은 또 다른 비밀은 바로 장석이다. 이곳의 장석은 마치 다이아몬드처럼, 고양이의 뾰족한 발톱 모양으로 고정한 프롱 세팅 방식으로 가공되었다. 그래서 이곳의 보석은 빛을 최대한으로 모으고 있어 유독 밝은 광채를 띤다.

보석의 소재로 사용된 장석은 보는 각도에 따라 색이 변하는 것으로 유명하다. 고대 로마 시대부터 보석으로 사용되었는데 다양한 색상 때문에 낭만적인 돌로 생각했다고 한다. 장석은 월장석과 사장석으로 분류되며 월장석은 은은한 백색을 띠고, 사장석은 각도에 따라 회색과 청록색을 띤다. 또한 장석은 달의 보석이라고도 불린다. 흔히 보름달이 뜨면 토끼가 절구를 찧고 있다고 이야기하는데, 밤하늘에 둥근달이 떠오를 때 바다는 검은색으로 토끼와 절구 모양인 육지는 흰색으로 보이는 이유가 달 표면의 사장석이 태양에 반사되기 때문이다.

이 장석류의 자연석은 미국 캘리포니아의 편암 암맥에서도 많이 산출된다. 자연석 상태에서는 결정이 불규칙하기 때문에 디자인해서 가공해야 한다. 아질 부티크의 수제 보석은 캘리포니아의 자연석을 가져와 디자이너들이 자기만의 독특한 방식으로 가공해서 선보이고 있는 것이었다.

자연을 활용할 수 있는 축복

샌프란시스코 일대를 포함한 캘리포니아는 모래와 자갈이 미국에서 가장 많이 생산될 정도로 풍부한 광물을 지닌 산맥들이 있다. 이곳에는 화학의 원료가 되는 광물도 있지만 보석으로 가공되는 자연석도 풍부하다. 이 지역에 보석에 관한 재미있는 일화가 있다. 1900년대 초 사파이어를 찾던 보석 사냥꾼이 캘리포니아주 베니토카운티에서 푸른빛을 내는 암석 하나를 발견했다. 그 빛깔이 영롱하고 아름다운 결정체를 지닌 암석이라 베니토카운티의 이름을 따 '베니토아이트'라는 이름을 붙이고 사람들에게 소개했다. 그러자 그 암석은 캐럿당 4000달러나 하는 보석이 되었다. 이 암석은 그 전에는 누구도 발견하지 못했고 이곳에만 매장되어 있어 캘리포니아주 베니토카운티에서 채굴한 것만 인정하는 보석이 되었다.

산속에 매장되어 있던 암석 하나가 엄청난 가치의 보석이 되는 기준은 무엇일까? 빛깔과 광택, 결정체의 아름다움 정도에 따라 책정되는 가격은 모두 그걸 품고 있는 자연이 주는 혜택이다.

아질 부티크의 보석은 베니토아이트처럼 엄청난 가격의 가치를 지닌 건 아니지만 발굴하는 과정은 똑같다. 이들 또한 샌프란시스코 일대의 산맥에서 장석류의 자연석을 캐내어 그들만의 보석으로 만들었다. 그래서 그런지 이들의 보석에는 자연을 경외하는 즐거움이 있었다. 보여주기

——— 아질 부티크 입구와 내부. 디스플레이 곳곳에서 나무를 표현한 소품들을 볼 수 있었다.

위한 목적으로 착용하는 장신구라는 느낌보다는 자연을 곁에 둔 이들이 즐겁게 스스로를 표현하는 자연스러움이 있기 때문이다. 투박한 자연석으로 새로운 브랜드를 만들어낸다는 건 무척 재미있는 일이다. 자연 원석이라는 아이템이 아질 부티크라는 브랜드가 되어 값진 시장가치를 만들고 있다.

보석은 온라인으로 유통하기 어렵다. 사람들은 값비싼 보석일수록 눈으로 확인하고 만져보고 착용하면서 직접 구매하고 싶어 하기 때문이다. 하지만 아질 부티크는 자연석이라는 비교적 저렴한 소재를 사용하기 때문에 다양한 방식으로 상품을 유통할 수 있었다. 그들의 웹사이트에는 다양한 디자인의 보석마다 각각의 소재를 설명하며 상품을 판매한다. 작고 친근한 오프라인 숍과 접근성이 좋은 웹사이트를 함께 운영하며 온·오프라인 모두에 적용하기에 딱 알맞은 소재와 몸집을 만든 것이다.

특히 그들은 웹사이트에서 '졸업선물'이라는 콘셉트를 강조해 10대들에게도 보석이 합리적이고 의미 있는 선물이 되도록 마케팅을 했다. 내가 처음 아질 부티크를 발견했을 때도 숍 앞에는 10대로 보이는 여자아이들이 웃고 떠들며 모여 있었다. 방금 가게에서 나온 듯했는데 새로 산 액세서리를 서로 자랑하며 만족스럽게 웃고 있었다. 투박한 자연석이라는 소재가 그것을 갖는 사람들에게는 새로운 재미와 또 다른 의미를 선사한다. 이들은 자기들이 가지고 있는 소재를 최대한 긍정적으로 수익화했다. 결국 아질 부티크는 자연에서 얻은 혜택으로 '보석의 새로운 기준'을 만들어 돌이 돈이 되는 아이템을 만들어낼 수 있었다.

맥주를 우연히 몸에 바를 때

———————— 맥주 샴푸 마뉴팍투라 ————————

유럽의 작은 나라들에서 화려한 공간을 많이 마주했다. 헝가리 부다페스트에서 유람선을 타고 바라본 국회의사당이 그랬고, 러시아와 북유럽 사이 발트해에 있는 작은 나라 에스토니아에서 본 중세 탑이 그랬고, 프라하의 구시가지 광장이 그랬다. 전쟁과 오랜 세월을 버티고 그대로 남아있는 중세의 모습을 볼 땐 전통을 지켜내려 했던 그들의 노력을 확인하는 기분이다.

프라하 맥주 샴푸 마뉴팩투라

프라하를 방문하는 사람이라면 중세의 모습을 고스란히 간직하고 있는 구시가지 광장을 가장 먼저 찾는다. 이곳에는 비밀이 하나 숨어 있다. 바로 이 광장을 찾아오는 길이다. 광장 가운데 서 있는 틴 성모 교회는 프라하의 지리적 중심이고, 그 주변으로 작은 골목들이 미로처럼 얽혀 있다. 프라하 어느 방향에서든 이곳으로 모여들도록 여러 갈래의 길을 열어둔 것이다. 그런데 프라하 도시 정책상 구시가지에서는 대중교통을 이용할 수 없다. 광장으로 찾아오려면 어느 방향에서든 걸어와야 한다. 가장 가까운 지하철역이나 트램 정류장에서 내린다 하더라도 최소한 20분 이상을 걸어야 광장에 도착한다. 하지만 어느 누구라도 이곳을 찾아오는 데 단 20분만 걸리는 일은 없다.

구시가지 광장까지 가는 길은 멀게만 느껴진다. 그곳에 다다르기 전, 마치 이곳을 위해 프라하를 찾았을까 싶을 만큼 착각을 일으키는 곳이 있는데 프라하를 방문하는 사람이라면 모를 리가 없다는 마뉴팩투라 Manufactura 상점이 바로 그곳이다.

구시가지로 가는 골목에 있는 상점들은 저마다의 특징이 있지만, 유독 프라하 맥주 샴푸 브랜드 마뉴팩투라는 매장의 규모가 다른 상점에 비해 클 뿐 아니라 로맨틱하게 꾸며진 쇼윈도와 골목길까지 흘러나오는 아로마 향 덕분에 절로 발걸음이 이끌리는 곳이다. 이곳은 입구에서부터

—— 프라하에서는 좁은 골목을 따라 걷든 넓은 골목을 따라 걷든 결국 구시가지 광장으로 향한다. 그리고 어느 길이든 상점이 줄지어 있다.

익숙한 한국말이 들린다. 매출에 한국인과 일본인 관광객이 한몫한다고 하는데, 실제로 상점 안에는 이곳이 체코라는 사실을 잠시 망각할 만큼 많은 한국인이 바구니에 상품을 담고 있었다.

마뉴팍투라는 단연 맥주 샴푸로 유명해진 회사다. 프라하 쇼핑리스트를 검색하면 유리공예품과 함께 마뉴팍투라의 맥주 샴푸가 가장 많이 뜬다. 맥주 모양을 한 샴푸의 패키지도 재미있고, 가격도 저렴한 편이어서 기념품으로 선물하기 좋다는 이유다. 그런데 정작 프라하에서는 마뉴팍투라 맥주 샴푸를 일상에서 자주 쓰지 않을뿐더러 이곳을 맥주 샴푸 상점으로도 기억하지 않는다. 이곳은 그저 천연 아로마 향이 듬뿍 담긴 스파 제품을 파는 로컬 상점일 뿐이다. 현지인들은 숙면과 휴식에 도움을 받고 싶을 때 마뉴팍투라의 상품을 찾는다. 욕실에서 라벤더 비누를 사

— 프라하 쇼핑리스트로 유명한 마뉴팍투라의 맥주
샴푸

용하면서 마뉴팍투라를 기억한다.

하지만 우리 여행자들은 브랜드 이름은 잊어버리더라도 맥주 샴푸만큼은 또렷하게 기억한다. 이것이 바로 아이템의 힘이다. 체코의 상징 중 하나인 흑맥주, 식당과 길에서 물처럼 마신 맥주가 맥주 샴푸와 자연스럽게 이어져 친근한 소재로 남았다. 여행객이라면 프라하 여행에서 매일같이 맥주를 마시고 기념품으로 맥주 샴푸를 사서 돌아가는 즐거움을 놓칠 수 없다. 마뉴팍투라는 수많은 관광객이 맥주 샴푸를 찾을 거라는 구매 패턴을 의도한 것일까?

체코에서 누구나 공감하는 소재, 맥주

흔히 맥주의 나라를 독일로 알고 있지만, 세계적으로 맥주를 가장 사랑하는 나라는 체코일 것이다. 이들의 연간 맥주 소비량은 1인당 157리터나 될 만큼 엄청나다. 체코 정부에서는 국민들이 지나친 음주로 건강을 해치지 않도록 맥주보다 물을 1코루나(약 50원) 싸게 판매하거나, 맥주 대신 음료수를 권장하는 등 국민들의 습관을 바꾸려고 노력하고 있다. 그 정도로 체코의 맥주 사랑은 알 만하다.

체코는 맥주의 나라라는 자부심이 있다. 우리가 가장 흔히 마시는 라거 맥주를 세계 최초로 발명한 나라이기도 하다. 프라하 외곽에 있는 플젠Plzen 지방에서는 1295년부터 맥주를 생산하기 시작했는데, 어느 날부터 독일권에서 마셔왔던 검고 탁한 발효 맥주에 싫증을 느끼고 새로운 맥주 생산 방식을 고안했다. 맑은 맥주를 생산하려면 7~12도로 발효 온도를 유지해야 하는데 이들은 플젠 지방의 차가운 물로 발효한 맥주를 서늘한 지하 동굴에 저장하는 방식으로 맑은 황금빛 라거 맥주를 최초로 탄생시켰다. 1842년 플젠스키 프레즈드로이 양조장에서 만든 이 맥주가 체코의 맥주 브랜드인 필스너 우르켈의 시초였다.

세계 맥주 역사에 한 획을 그은 만큼 체코에는 소규모의 전통 맥주 양조장이 많

—— 파프리카 과자에 곁들여 마신 필스너 우르켈 크래프트 맥주

다. 2013년 기준 중소 규모의 양조장이 무려 230여 개라고 하니 과거 통계에 속하지 않던 양조장까지 고려하면 체코인들은 맥주와 일상을 함께 보낸다고 해도 과언이 아니다.

소규모 양조장에서 맥주를 만드는 노동자들이 많았던 만큼 맥주는 삶과 가까웠는데 이들은 맥주를 마시기만 하지 않았다. 고된 노동으로 배가 고프면 맥주 발효에 사용한 맥아 찌꺼기나 홉을 빵 대신 먹기도 하고 남은 맥주로 몸을 씻기도 했다.

체코의 맥주 샴푸는 이 과정에서 탄생했다. 양조장에서 일하는 노동자들은 늘 머리가 풍성하고 윤기가 흐른다는 사실을 어느 순간 깨닫게 된 것이다. 그때부터 체코인들은 맥주 효모와 홉 추출물을 함유한 샴푸로 머리를 감았다. 맥주 효모에는 머리카락의 성장을 돕는 기능이 있어 머리카락이 풍성해지는 데 도움을 주었다.

'마뉴팍투라'는 '제조'라는 뜻의 폴란드어다. 이 회사가 이렇게 투박한 이름을 가진 까닭은 회사의 역사에 기인한다. 이 회사는 외국인들이 프라하를 방문할 때 구입할 상징적인 기념품이 없다는 창업자의 아이디어로, 프라하의 역사가 담긴 공예 제품을 관광객들에게 소개하기 위해 1991년에 창립했다. 그들은 전통 인형과 나무 장난감 등을 만들며 중세 시대의 독창적인 공예 장식품을 대중화하는 데 집중했다.

그런데 우연한 사건이 발생한다. 프라하 북동쪽 리벤Liben이라는 지구에 있었던 카들렉Kadlec이라는 브랜드의 비누공장을 인수하면서 그곳에서 일하던 사람들을 그대로 고용 승계하게 된 것이다. 그 과정에서 노동자들이 가지고 있던 노하우로 비누를 포함한 스파 제품과 화장품을 만들게 되었다. 체코의 역사와 자연에서 영감을 얻겠다는 마뉴팍투라의 철학과 노동자들의 기술이 만나 맥주, 와인, 온천 소금, 과일과 같은 프라하의 천연원료로 다양한 스파 상품이 제작되었다.

마뉴팍투라는 그렇게 욕실 스파 제품 라인을 갖추어나갔다. 체코의 청정한 자연환경과 그곳에서 생산된 천연 소재를 스파 제품에 녹여 소비자들에게 즐거움을 주겠다고 생각했고, 관광객들에게는 독자적으로 개발한 공예품으로 체코에 대한 행복한 기억을 남기겠다고 계획했다. 그런데 예상 밖의 일이 또 한 번 일어났다. 프라하가 수많은 영화와 드라마에 등장하며 낭만의 도시로 유명해지자 전 세계에서 관광객이 모여들었는데, 그렇게 모여든 사람들이 마뉴팍투라 상점에서 맥주병 모양의 맥주 샴푸만 잔뜩 사서 돌아가는 것이었다. 이후로 지금까지 맥주 샴푸는 마뉴팍투라에서 가장 많이 팔린 제품 1위 자리를 굳건히 지키고 있다. 그들에게 너무나도 익숙한 맥주라는 소재가 뜻밖에도 오늘날의 마뉴팍투라를 만들었다.

영국의 작가 호러스 월폴은 이것을 '준비된 우연의 법칙'이라고 불렀다. 우연히 발견한 아이디어가 또 다른 아이디어로 이어지고 거기에 그들도 모르게 쌓인 노하우가 덧붙으면서 설명하기 어려운 엄청난 결과를 가져오는 것이다. 미국 레이더 회사에서 일하던 퍼시 스펜서가 우연히 열 없이도 녹아내린 초콜릿 바를 발견하고 전자레인지를 발명했던 것처럼 말이다.

체코라는 영역에서 친근한 맥주라는 소재가 우연히 옮긴 창고에서 기술자를 만나 지금의 준비된 우연을 만들었다. 덕분에 우리는 지금도 프라하 여행에서 맥주 샴푸라는 아이템을 즐겁게 구매할 수 있다.

파머스 시장의 라벤더 세탁소

라벤더 마차에서 만난 아이템

체코는 7세기경에 국가다운 면모를 갖췄고, 14세기에 룩셈부르크 왕가의 영토로 편입되면서 전성기를 맞이했다. 체코 하면 떠오르는 중세 도시의 화려한 모습은 이때 탄생했다. 하지만 곧 헝가리와 오스만 제국의 전쟁 사이에서 혼란한 상황을 겪고 약 300년간 합스부르크 왕조의 지배를 받으며 경제적으로 힘들어졌다. 체코는 18세기에 이르러서야 경제를 회복했다. 역사가 깊은 공예품과 자연에서 얻을 수 있는 좋은 소재 덕분에 수공업으로 다시 일어섰고 현재는 주변 국가와 함께 중부유럽의 영향력 있는 공업국가로 성장했다.

특히 프라하 사람들은 중세풍의 장식품 공예가 증조할머니 때부터 내려오던 방식이라고 말하고 다닐 만큼 대를 잇는 아름다운 손재주가 있다. 그래서 프라자크(프라하 시민)들은 오래전부터 시장에서 그들이 만든 물건을 사고 팔았다. 직접 만든 소스를 병에 담아 팔기도 하고 손뜨개로 만든 레이스를 사기도 한다. 이런 이유로 프라하 현지인들은 전통 시장에 대한 의존도가 높다. 관광객들은 하벨 시장을 프라하의 대표 마켓으로 기억하지만, 현지인들이 실제 이용하는 곳은 '파머스 마켓'이다.

파머스 마켓은 말 그대로 농산물 시장이다. 프라하에서는 큰 광장이 있으면 어김없이 토요일마다 파머스 마켓이 열리는데 일주일치 장을 보기 위해 사람들이 모두 나와 농부가 직접 재배한 신선한 채소와 과일을 산다. 사람들이 모여들기 시작하자 자연히 축제도 열리곤 했다. 맥주 축제나 와인 축제, 라벤더 축제와 같은 다양한 행사가 만들어지면서 더 많은 사람이 토요일 오후를 즐기기 위해 광장으로 모여든다.

지금 소개하는 라벤더 마차는 프라하 공화국 광장에서 열리는 파머스 마켓에서 만났다. 이곳은 마치 자신들만의 축제라도 연 듯 천이 달린 마차에 직접 만든 상품을 진열해 판매하고 있었다. 그 모습이 마치 동화 속 한 장면 같아서 상품에 대한 호기심이 더욱 커졌다. 향기로 먼저 사람을 부르는 마차 위로는 라벤더 꽃다발과 말 인형이 오밀조밀 달려 있었

—— 프라하 현지인들이 이용하는 파머스 마켓. 신선한 채소와 과일, 아기자기한 소품들을 구경할 수 있다.

고 가판에는 라벤더 오일, 화장품, 차 등 다양한 상품들을 진열해두었다. 이 마차는 라벤더를 소재로 수제 화장품을 만들어 판매하는 곳이었다.

라벤더는 허브를 대표하는 식물로 이름에는 '씻다'라는 뜻의 라틴어에 어원이 있다. 그 이유는 로마인들이 라벤더를 최초의 향수로 생각하고 목욕할 때 사용했기 때문이다. 그들은 라벤더를 더 많은 곳에 사용하기 위해 원산지인 카나리아제도와 대서양 연안에서 수입해 재배했고, 이후 유럽 일대로 퍼지면서 지금은 프랑스와 서유럽 일대에서 가장 많이 자라고 있다. 프라하도 봄 이후에는 곳곳에서 라벤더를 볼 수 있다. 프라하에서 사용하는 라벤더는 꽃이 만개하기 전인 7~8월에 수확한다.

라벤더 화장품을 만드는 건 어렵지 않다. 씨앗, 줄기, 꽃 등에서 추출한 자연 에센스 오일을 다른 성분과 혼합하면 라벤더의 효능을 그대로 간직한 핸드메이드 화장품이 탄생한다. 사실 이것만으로는 프라하만의 소재라고 보기 어렵지만 프라하의 라벤더에는 독특한 점이 하나 있었다.

그건 마차 위에 걸려 있는 말 모양의 인형이었다. 말 인형 외에도 작은 천 주머니들이 상품 중간중간 눈에 띄었는데, 처음에는 장식인가 싶었지만, 알고 보니 상품이었다. 그들은 이것을 '라벤더 세탁소'라고 불렀다.

라벤더 세탁소는 라벤더 제품을 씻고 바르는 것뿐 아니라 차분히 말려 곁에 둘 방법을 연구한 끝에 탄생했다. 천으로 만든 라벤더 주머니는 손으로 잠시 잡았다 놓아도 향이 손끝에 남아 있을 만큼 진하고 깊은 향이었다. 말 인형도 마찬가지였다. 이것은 침실 인형으로 숙면을 돕기 위해 만들었다고 했다. 잘 보관하면 최소 2년은 향을 그대로 느낄 수 있다고 한다.

작은 천 주머니의 용도는 옷장용 방향제로, 라벤더 향이 밴 코트를 입으면 옷에 나방이 붙는 걸 방지할 수 있다고 한다. 증조할머니와 할머니가 사용한 방식을 그대로 이어받아 만든 것이라는 이야기도 덧붙였다. 상점 주인은 자기 할머니가 라벤더 물을 가장 좋아했다며 다림질할 때 뿌리는 라벤더 물이 담긴 작은 병도 소개해주었다. 그녀의 할머니는 라벤더 물을 뿌려 다린 옷을 입으면 옛 기억이 선명하게 떠올랐다고 한다.

이러한 이야기까지 듣고 나니 그제야 라벤더 세탁소를 완벽하게 이해할 수 있었다. 이들은 좋은 향기가 나는 꽃 소재를 오래 간직할 수 있는 노하우로 손수 천연 방향제를 만들었다. 한국으로 돌아가 마트에서 방향제를 구입하는 내 모습을 문득 상상해보았다. 각종 화학물질이 뒤섞인 방향제를 어쩔 수 없이 쓰겠지만, 숨을 들이마실 때마다 석연치 않은

—— '라벤더 세탁소'라는 말이 신기해 눈을 동그랗게 뜨자 마차의 주인은 패브릭 안에 순수한 말린 라벤더가 그대로 들어가 있다고 설명해주었다.

기분은 떨치지 못할 것이다. 하지만 이 라벤더 세탁소라 불리는 주머니는 프라하의 햇살 좋은 날씨만큼 깨끗하고 맑게 느껴진다. 이들이 소재를 활용하는 방법과 핸드메이드 방식으로 만드는 모습이 지혜로워 보였다. 여전히 자연을 소재로 한 천연 방향제를 일상에 두고 사용할 수 있는 그들이 부러워지는 순간이었다.

2
장

구매를 부르는 감각적인 아이템

사물에서 받은 느낌이나 인상을 말하는 '감각'을 이야기하기에 앞서 통찰Insight에 관한 이해가 필요하다. 감각적인 디자인이 무엇인지 분명하게 정의할 필요가 있기 때문이다. 우리는 흔히 디자인을 아름다움과 감상을 돋보이게 하는 미적인 수준으로만 생각한다. 이것은 디자인이 회화적 순수미술에서 출발했기 때문이다. 하지만 현대사회로 넘어오고 산업에 응용되면서 개념이 많이 달라졌다. 이제 디자인은 설계하거나 계획을 세우거나 실체가 될 대상의 밑그림을 그리는 것으로, 무언가를 구체화하기 위해 노력하는 행위로 이해된다.

세상에는 같은 종류의 많은 물건이 넘쳐난다.

침대 곁에 놓을 스탠드 조명을 구매한다고 생각해보자. 녹색 검색 창에 '스탠드'라는 키워드를 입력하면 다양한 디자인의 조명이 나열된다. 레이스가 달린 앤티크한 스탠드가 있는가 하면, 기하학적인 모양을 띤 것도 있고, 가느다란 선이 특징인 미니멀한 스탠드도 있다. 거기에 우드톤의 내추럴한 디자인도 있다.

이렇듯 같은 종류의 물건을 서로 다르게 구분하는 건 디자인이다. 때로는 디자인만으로 물건의 사용 목적이 달라지기도 한다. 그럼 이렇게 수많은 디자인 중 우리가 물건을 선택하는 기준은 무엇일까? 여기에서 통찰에 대한 이해가 필요하다.

심리학 용어에서 통찰은 주위의 상황을 새로운 관점으로 종합하고 고쳐서 보는 행동을 말한다. 즉 눈앞에 놓인 여러 가지 문제가 갑작스럽게 해결되거나 정보들이 새롭게 분류되면서 또 다른 관점을 만들어내는 것이다.

따라서 사물을 보고 느끼는 인상인 감각이 중요하다. 그것으로 디자인에 대한 정보나 문제를 '갑작스럽게' 수집한 뒤 머릿속에서 블록 맞추기처럼 정렬한 다음,

'잠깐!'

'이거야!'

'아하!'

와 같은 트임이 일어나기 때문이다. 어쩌면 물건을 디자인한다는 것은 기존에 만들어진 것들에서 새롭게 발생한 문제를 해결하고, 새로운 관점으로 고객을 설득하는 '아하!'의 순간을 찾는 작업일지도 모른다. 물건을 만드는 이의 '아하!'가 연결고리가 되어 소비하려는 이의 생활 속의 '아하!'와 묘하게 맞닿는다. 이로써 소비자는 상품의 가치를 합리적으로 받아들이고, 물건의 가격 역시 정당화된다.

만드는 이들은 소비자에게 선택받기 위해 디자인이라는 영역을 끊임없이 활용한다. 디자인은 이런 통찰을 거치며 계속해서 발전했다. 기능을 바꾸고 문제를 해결하고 실용적인 사고를 거치면서 물건을 분류한다. 소비자들의 호기심을 불러일으키기 위해 눈에 띄는 독특함을 유지한다.

그래서 새로운 디자인을 마주할 때 감각을 자극하는 '아하!'와 같은 통찰이 나타나는 것이다.

소비의 합리성은 물건이라는 대상 앞에 어떤 감각이 자극되느냐에 따라 그것을 소유하고 싶은 힘을 스스로 만들어내는 것이다. 그래서 우리는 문제를 해결한 새로운 기능과 아름다운 디자인을 마주하면 이렇게 중얼거린다. "참, 감각적이다"라고.

Helsinki, Finland

우리 눈을 사로잡는 두 가지

───── '색' 감각과 '선'의 문제 해결 ─────

사람들이 즐겨 구매하는 감각적인 북유럽 소품들을 보면 색감에 먼저 놀라곤 한다. '일곱 가지 무지개 색깔 중에 어떤 걸 섞어야 이런 색감이 나올 수 있지?' 하고 한 번쯤 생각해보게 된다. 분명 익숙한 색인데 노란색이라 해야 할지 주황색이라 해야 할지, 게다가 옅은 녹색마저 띠는 것 같은 설명하기 어려운 오묘한 파스텔색도 있다.

북유럽 감성의 아이템에는 또 다른 특이한 점이 있다. 단순하면서도 기능적인 디자인으로 모든 아이템의 선이 살아 있다는 점이다. 흔히 제품에 북유럽 감성이라는 라벨이 붙을 때는 구부러진 선이나 독특한 테두리만으로 상품의 전체적인 분위기를 완성하는 경우가 많다. 물건이 선택되는 데는 여러 가지 이유가 있지만, 북유럽 제품이 사람들에게 각광받는 건 화려하거나 튀지 않은 하나의 아이템만으로 공간에 힘을 불어넣어주기 때문이다. 그리고 그 상품들은 대부분 선과 색만으로 기존 제품과 차별화된다.

핀란드 여행은 그들의 일상에서 '선'과 '색'을 발견하는 일이었다. 선과 색을 자유롭게 다루는 그들에게서 어떤 문제의 색다른 대안을 찾아내는 기분이었다.

핀란드 사람들의 색 감각

핀란드의 수도인 헬싱키는 핀란드의 감각이 그대로 담긴 하나의 미술관 같다. 이곳에 사는 사람들 역시 감각적인 디자인이 몸에 밴 것처럼 보인다. 헬싱키 거리에서 마주친 그곳 사람들은 서로에게 '나 오늘 이런 색 옷을 입었으니까 여기에 맞는 의자에 앉아 커피를 마실 거야!'라고 결심이라도 하는 듯 보였고, 사람과 공간은 딱 맞게 어울렸다.

헬싱키에서 트램을 타고 이동하는 중에 편의점을 스쳐 지나간 적이

—— 트램을 타고 스쳐 지나간 편의점 앞 풍경. 파란색의 간판과 휴지통이 마치 의도된 디자인처럼 보인다.

있다. 그 일상적인 풍경이 나에게는 잘 어우러진 팝아트처럼 인상적이었다. 파란색 로고가 찍힌 노란색 바탕의 간판 아래로 형광 연녹색 티셔츠를 입은 남자가 커피를 마시고 있었고, 그 옆엔 파란색 휴지통이 놓여 있었다. 노란색 간판은 남자의 티셔츠와 잘 어울렸고, 파란색 로고는 휴지통과 색상이 완벽히 어울렸다. 이런 풍경을 여행하며 한두 번 보았다면 '그럴 수도 있지' 하고 넘어갔겠지만, 헬싱키에서는 이 같은 그림이 일상이었다.

한번은 템펠리아우키오 교회를 찾아가기 위해 언덕을 오르던 길에 한 식당 앞에 있는 핀란드인들과 마주쳤다. 야외에서 식사를 즐기고 있

—— 인디핑크색의 벽과 검은색의 옷이 감각적인 조화를 이룬다.

던 그들의 의상은 인디핑크색의 파스텔 벽에 나무 프레임 쇼윈도, 유리
문과 믹스 매치 된 나무 의자와 이국적으로 어울렸다. 사진을 찍고 보니
이들이 모두 검은색 옷을 입거나 검은색 모자를 썼다는 것을 알게 되었
고, 사진에서 이들의 모습을 손으로 가려보자 정확히 선명한 검은색이
필요한 느낌이었다.

　이런 일을 골목에서도 경험했다. 헬싱키 중앙역에서 나와 아테네움
국립미술관을 지나쳐 마켓 광장 쪽으로 들어가던 길이었다. 골목으로 막
들어서려는 순간, 연푸른 옷을 입지 않으면 이곳을 지나가지 못하는 건
가 싶어 잠시 멈칫했다. 건물 벽면에 걸린 디지털 미디어 광고판의 파란

—— 'EXPRESSION COIFFURE'라는 이름의 미용실. 문을 주황색으로 칠한 사람은 누구일까? 벽돌의 색과 어울리는 주황색 문 그리고 미용실의 붉은 조명과 비슷한 톤의 나무 프레임 쇼윈도. 건물 벽의 에메랄드색과 맞춘 의자와 테이블도 센스 있다.

자막과 맞은편 밝은색 건물에 대비되어 더욱 희미해 보이는 회색 톤의 건물, 그리고 사람들의 푸르스름한 옷 색상이 모두 운명처럼 이어지고 있었다.

　핀란드인들의 색 감각은 본능적이다. 핀란드는 북유럽에서 해가 가장 짧은 나라인데, 햇살이 적고 밤이 길어 실내에서 지내는 시간이 많다. 캄캄한 어둠이 깔린 바깥 대신 집 안에서 밝은 일상을 보내려면 공간을 색으로 채우려 노력할 수밖에 없다. 이들은 빛이 색에 부딪혀 머무를 때 따뜻한 색감을 찾아냈고, 빛이 드는 느낌을 지속하기 위해 빛과 원색이 섞인 색을 만들어 지금의 파스텔톤을 완성했다.

파스텔 컬러는 사실 색의 명칭이 아니다. 18세기 프랑스 회화에서 중요한 역할을 한 파스텔은 색채가 있는 안료를 굳힌 조각으로 입자가 고와 가루가 떨어지듯 모호하고 흐릿하게 표현되는 특징이 있다. 따라서 원색이 아닌 부드러운 색을 표현하기에 적합했고 색의 가루가 모이듯 연한 색상을 표현할 수 있었다.

빛이 없는 나라에서는 이처럼 명도나 채도가 중간쯤으로 알맞은 색감을 찾아야 했다. 이렇게 색을 빛으로 이해하는 나라다 보니 핀란드에는 조명 산업도 발달했다. 이들은 조명이 쏟아내는 빛에 따라 사물의 색이 다르게 보인다는 사실을 알았고, 덕분에 인공적으로 다양한 색을 표현할 수 있게 되었다. 이들은 해가 있을 때 또는 해가 없을 때를 고려해 건물의 색과 가구의 색 심지어 자신이 그날 입을 의상까지 조절하는 것이다.

색은 디자인을 완성하는 중요한 기본 요소 중 하나다. 같은 디자인이라도 색에 따라 다른 느낌을 자아낸다. 핀란드 사람들은 디자인의 일부인 색 감각을 온몸으로 드러내면서 일상을 보내고 있었다. 우리는 다만 그들이 사용하고 만들어내는 물건으로 디자인에 색을 어떻게 적용하고 있는지 짐작만 할 뿐이다.

선을 이용한 문제 해결의 발견

디자인의 여러 요소 중 색만큼이나 중요한 요소가 있다. 그것은 바로 '선'이다. 선은 사물의 형태를 표현하는 동시에 어떤 배경에 놓이느냐에 따라 시각적인 차이도 만들어낸다. 그래서 선을 표현하는 방식만으로 사물에는 미묘한 온도 차가 생긴다.

북유럽 중에서도 핀란드 디자인은 덴마크와 스웨덴의 디자인에 비해 특이점이 하나 있다. 깐깐하고 정교한 덴마크, 화려한 기능에 집중하는 스웨덴에 비해 실용적이고 부드럽다. 그 이유는 핀란드 디자인이 곳곳에서 자유자재로 사용하는 곡선 때문이다. 여기에는 자연을 품은 지형적 요건도 한몫했다. 핀란드는 대부분의 국토가 숲과 호수로 이루어져 있어 호수의 둥근 선과 숲의 부드러운 굴곡을 디자인에 직접 적용한다. 다양한 형태로 선을 쓰는 핀란드인들의 시도는 여러 곳에서 볼 수 있다.

차를 타고 헬싱키 항구에서 도시로 들어가던 중 특이한 다리를 보게 되었다. '정말 다리일까?' 싶을 만큼 도로에 자연스럽게 녹아 있는 곳이었다. 무엇보다 다리를 둘러싸고 있는 독특한 형태의 조형물에 시선을 빼앗겼다.

이 다리의 이름은 '렌실린키'로 '서쪽 연결'이라는 뜻이다. 곡선의 움직임에 따라 출렁이는 것처럼 보이는 이 다리는 테두리를 따라 둥근 조형물이 언덕을 이루며 자유로운 형태로 펼쳐져 있다.

—— 다리의 난간에는 둥근 조형물이 자유롭게 펼쳐져 있다.

이 다리는 디자인 공간을 선정하는 웹 매거진 〈스팟Spot〉이라는 곳에서 열두 번째로 소개될 만큼 주목받았다. 원래는 헬싱키의 교통난을 해소하기 위해 항구와 도심을 이어줄 목적으로 설계되었지만, 조형물로 표현한 다리의 난간과 그 아래 인도에 다양한 선을 사용한 것 덕분에 지금은 디자인으로 더 주목받고 있다. 다리의 기둥은 타원형으로 설계되었고, 난간의 알루미늄 조형물은 패턴을 사용했다. 그런데 이 특이한 곡선은 사실 어떤 문제를 해결하기 위해 만든 것이었다.

항구에서 도심으로 들어가는 위치에 세운 다리는 교통 문제는 해결해준 반면 주택가에 소음 공해라는 새로운 문제를 일으켰다. 조각가 마르티 아이하는 곡선으로 이 문제를 해결하려고 했다. 그는 알루미늄 난간을 미적인 목적뿐 아니라 진동과 소음이 흩어지도록 기능적으로 설계했다. 놀랍게도 디자인을 시각적인 면에서만 사용하지 않고 문제를 해결하는 기능으로 사용한 것이다. 다리에 숨겨진 이야기를 알고 나니 보는 즐거움뿐 아니라 감동까지 느껴지는 인상 깊은 공간이었다.

이처럼 선은 북유럽 디자인에서 어떤 기능을 창조하는 동시에 또 문제를 해결하기도 한다. 건축 이상으로 그 특징이 가장 많이 나타나는 분야는 바로 가구 디자인이다. 그중에서도 의자는 북유럽 사람들에게 매우 중요한 아이템이다. 자연의 특혜 덕분에 핀란드인들은 풍부한 목재 자원으로 다양한 의자를 만들었다. 이들은 의자를 시각과 촉각을 동시에 만족시키는 대상으로 여겼고 기능과 디자인 면에서 다양한 시도를 한 것으로 유명하다.

그중 누구나 한 번쯤 보았을 유명한 의자가 있다. 바로 알바 알토가 제작한 '스툴 60'이다. 알바 알토는 현대건축의 기초를 세웠다고 평가받을 만큼 건축가로도 유명하지만, 핀란드만의 독특한 생활 디자인을 만든 가구 디자이너로도 이름이 나 있다. 그가 설립한 가구 브랜드 아르텍Artek은 단 몇 개의 가구만으로 세계적인 브랜드로 성장했다.

스툴 60은 알바 알토가 불필요한 부분은 절제하고 선만으로 만들어낸 기능성 의자다. 목재를 구부려 의자를 떠받들고 있는 일명 L자 다리가 특징으로 전체적인 내구성은 높았다. 디자인 가구의 클래식으로 인정받

—— 알바 알토가 구부러진 다리 모양으로
만든 스툴 60

는 이 스툴은 어떤 문제를 해결한 것
일까?

이 의자가 설계된 1900년대 초반
까지만 해도 덴마크와 스웨덴에서 의
자는 특권층을 위한 것으로 기능보다
는 화려한 디자인에 더 높은 가치를
매겼다. 하지만 이 스툴은 기능 면을
강조해 디자인을 최소화했으며 나무
기둥 프레임을 구부려 상판을 받치는
방법으로 내구성을 기존 의자보다 세
배가량 높았다. '앉는다'라는 기본에 충실한 데다 튼튼하기도 한 이 상품
은 아이부터 어른까지 세대 차이 없이, 노동자에서부터 특권층까지 계급
차이 없이 대를 이어 사용할 만한 디자인으로 자리매김했다. 알바 알토
는 가구를 디자인할 때 자연을 닮은 선에 집중하려고 노력했다. 곧은 선
으로 네모난 형태를 만드는 기존의 의자와는 달리 부드러운 곡선으로 나
무다리를 연결하고 둥근 곡선의 상판을 만들어 의자를 완성했다. 단순하
면서도 새로운 방식으로 선을 이용한 알바 알토 디자인은 북유럽 디자인
에 큰 영향을 주었을 뿐 아니라 가구의 대량생산에도 기초를 닦았다.

알바 알토의 스툴 60이 100년 가까이 사랑받는 의자가 된 것은 단순
히 거장에 대한 존경심 때문만은 아니다. 선을 이용한 심플한 디자인으

로 감각적인 외관을 창조하고 더불어 내구성이라는 문제도 해결했기 때문이다. 오래도록 사랑받는 아이템에는 많은 사람이 사용하는 분명한 이유가 있다. 그리고 그렇게 되기 위해서는 기본 목적에 맞게 단순해야 한다는 공식도 존재한다.

핀란드인들은 환경적인 문제를 해결하면서 그들만의 기본적이면서도 단순한 생활 디자인을 해나간다. 부족한 햇빛이라는 문제에서 채도를 조절하는 새로운 색 감각을 창조했고, 선을 자유롭게 시도하면서 새로운 기능의 형태를 발견하게 한 것이다. 핀란드인의 생활 곳곳에는 색과 선에 대한 그들만의 독창적인 정의가 있는 듯했다. 그들 모두가 일상 속의 새로운 문제를 다르게 해석하는 디자이너들은 아닐까.

손잡이가 달린 종이컵

———————— 알토대학교 디자인팩토리에서의 응용 ————————

모두가 디자이너처럼 사고하려면 교육이 중요하다. 핀란드 정부는 기술
과 예술을 융합하는 교육을 장려했다. 그중 하나가 바로 헬싱키에 있는
핀란드 알토대학교다. 내가 그곳을 방문했을 때 가장 인상 깊었던 공간
은 디자인팩토리였다. 알토대학교에는 공과대학과 경제대학, 미술·디자
인대학이 있다. 디자인팩토리는 정규 대학 과정은 아니지만, 누구든 그
룹을 만들어 프로그램에 참여해 창의적인 디자인을 연구할 수 있는 프로

젝트 공간이다. 여기에서 나온 디자인은 기업과 연계해 실제로 생산까지 이어진다. 디자인팩토리에서는 다양한 연구를 하고 있었다. 핸드폰을 들고 가까이 다가가면 문이 열리는 도어락을 만들고, 하이킹 자전거의 바퀴에 어떤 문제가 있는지 찾아내 새롭게 디자인하는 등 일상을 편리하게 하는 여러 프로젝트가 열리고 있었다. 나는 그들이 자유롭게 연구하는 공간에서 칠판에 손 글씨로 적힌 메시지를 발견했다.

We always behave without safety.

연구 아이디어들이 적힌 칠판이어서 사진을 찍을 순 없었지만, 칠판에 적힌 글을 이해하기 위해 한참 들여다본 기억이 있다. 빨간 글씨로 쓰여 유독 눈에 띄었던 "우리는 항상 안전하지 않게 행동한다"라는 메시지에서 그들이 이곳에서 활동하는 의미가 더욱 드러나 보였다. 알토대학교 자체가 과학기술, 경제, 미술·디자인을 융합해 새로운 걸 탄생시킨다는 아주 실용적인 모토가 있지만, 디자인팩토리는 그 위에 실험적인 시도를 한층 더 얹은 곳이라는 생각이 들었다.

손잡이 달린 종이컵을 만난 곳도 바로 디자인팩토리였다. 그들은 이곳을 방문한 우리에게 투어 중에 마실 물을 제공했다. 그때 내준 종이컵을 받고 깜짝 놀랐다.

종이컵에는 날개처럼 손잡이가 달려 있었다. 종이컵으로 물을 마시려

—— 기능과 멋을 모두 만족하는 종이컵 디자인

는 순간 나는 잠시 멈칫했다가 곧 웃음이 났다. 그러고는 절로 "예쁘다."라는 말이 흘러나왔다. 당시에는 나의 웃음과 혼잣말의 이유를 스스로도 알 수 없었지만, 나중에 사진을 정리하면서 떠올려보니 그때 내가 그들이 정의한 디자인을 명확히 이해했기 때문이었다. 피식 터져나온 웃음은 의외의 기능에 대한 탄성이었고, "예쁘다"라고 중얼거린 건 목적에 맞게 설계된 물건이 아름답게 보였기 때문이었다.

언뜻 어디선가 본 적 있는 듯하지만, 손잡이 달린 종이컵을 일상에서 쉽게 소비하는 나라는 핀란드를 빼고는 없다. 이런 형태가 어디에서 시작되었는지는 모르지만, 핀란드에서는 마트만 가도 다양한 프린팅 종이컵에 손잡이가 달린 상품을 쉽게 볼 수 있었다. 또한 여러 항공사 중 유일하게 핀란드 항공을 탔을 때만 손잡이 달린 종이컵이 나왔다. 핀란드인들에게 이 컵은 매일 사용하는 아주 평범한 물건인 것이다. 그러나 이런 종이컵을 처음 마주한 나로서는 그것을 다른 시각으로 보게 되었다.

그래서 종이컵을 한참 들여다보다가 디자인팩토리에서 사물을 설계하는 방식대로 손잡이가 달린 종이컵을 뜯어보았다.

이들에게는 목적에 맞는 물건을 만들어내는 프로세스가 있었고, 그 순서에 맞게 다음과 같은 과정으로 상품을 설계했다.

a. 기존 종이컵에 어떤 문제가 있었을까?
   _문제 인식

b. 손잡이는 무게를 얼마만큼 견딜 수 있어야 할까?
   _목적에 맞는 필수 설계 (1) 기능

c. 손잡이에 손가락을 넣었을 때 압력을 받는 피부는 불편하지 않을까?
   _목적에 맞는 필수 설계 (2) 형태

d. 손잡이는 종이컵 제작 단계에서 언제 붙여야 할까?
   _목적에 맞는 필수 설계 (3) 디자인 접근성

e. d의 방식 중 생산의 효율을 높이는 것은 어떤 방법일까?
   _목적에 맞는 필수 설계 (4) 효율성

f. 사람들이 이 종이컵으로 물을 마실 때 기분이 좋아질까?
   _심미적 기능

목적이 명확한 제품을 새롭게 만들어내려면 그 목적을 다시 정의하고 기존의 제품에서 문제를 인식한 뒤 다시 바라보려는 시도가 필요하다. 여기에는 기존 제품 사용자의 반감이라는 위험이 있고, 새로운 실험에 드는 시간과 그 시도에 정당한 가격이 매겨질지 알 수 없는 불확실함까지 있다. 하지만 그게 누군가의 '아하!'와 같은 반짝이는 순간이 되고, 나처럼 다시 이 물건을 쓰고 싶다는 생각으로까지 이어진다면 그들이 안전하지 않게 행동하는 이유가 타당해진다.

알바 알토는 단지 눈에 보이는 것만 아름다움이 아니고, 머릿속으로 설계된 것이야말로 진정한 아름다움이라며 디자인에 새로운 정의를 내린 적이 있다. 이들은 목적에 맞아야 아름다운 형태가 된다고 생각하는 것 같았다.

손잡이 달린 종이컵은 핀란드인들이 다양한 시도로 문제를 개선하는 아이템을 만들고 있다는 것을 증명하는 듯했다. 이것이 디자인과 기능 사이의 균형을 잘 보여주는 가장 일상적인 물건이었기 때문이다. 이 작은 종이컵 안에는 아이템을 대하는 그들의 태도와 방식이 담겨 있었다.

3
장

어떤 상품이든 명품으로 만드는
정보의 비밀

여기, 스카프가 하나 있다. 독특하고 화려하게 디자인되어 사각으로 곱게 접힌 스카프. '조금 촌스럽나?' 하고 생각하다가 '펼쳤을 때는 다르지 않을까?' 하는 기대도 해본다. 다시 이 스카프의 용도를 생각해본다. 햇살 좋은 날에 입은 밋밋한 트렌치코트가 돋보이도록 목에 두르거나 가방에 무심히 묶어봐도 좋겠다. 문득 가격이 궁금해진다. 얼마면 이 스카프를 부담 없이 살 수 있을까?

작고 화려한 이 스카프의 가격은? '뭐야, 너무 비싸잖아!' 스카프 하나가 구두랑 맞먹는다니. 도대체 뭘까. 점원의 말을 듣고서야 이해가 갔다. 이 스카프는 한 유명 디자이너가 파리 시테섬에 있는 의류 편집숍에서 신제품 디자인을 선보이는 날 두르고 있던 까닭에 모든 사람의 이목이 주목되었다고 한다. 그 이야기를 듣고 다시 스카프를 찬찬히 들여다본다. 사각으로 곱게 접힌 스카프를 펼쳐보고 싶지만, 점원은 그건 안 된다고 딱 잘라 말한다. 그제야 아차 하고 놓쳤던 생각이 났다. 조심스럽게 스카프 우측 아래에 접혀 있던 라벨을 펼쳐보았다.

'에르메스라고? 세상에, 이 가격이면 싸잖아!'

사람들은 정보를 어떤 순서로 얻느냐에 따라 같은 상품도 다르게 판단한다. 처음에는 상품의 가치를 단순히 사용하는 목적에만 집중해 판단한다. 그러다 가격 정보를 얻으면 자신의 여건에 따라 합리적으로 고민한다. 그리고 물건에 대한 추가 정보를 얻었을 때는 호기심과 매력의 균형을 다시 고려해본다. 마지막으로 앞선 정보를 대체할 강력한 하나의 정보를 얻는 순간, 이 상품을 소유할 이유가 분명해진다.

정보를 접하는 순서에 따라 개인적인 판단 기준이 사회적 판단 기준으로 확장되는 것이다. 이는 우리가 상품을 어떤 기준을 두고 얼마의 가치를 매기느냐를 좌우한다.

즉 정보와 정보의 순서가 상품의 가치를 극대화할 수 있다. 특히 프랑스인들은 이 상황을 잘 활용했다. 마치 어떤 상품이든 명품으로 만드는 방법이 DNA에 새겨진 사람들 같았다. 정보를 다루고, 가치를 수익으로 전환하는 방법을 누구보다 잘 알고 있었다. 조금 놀랄 만한 금액이라고 하더라도 파리지앵들의 허세라고 치부하고 싶지 않다. 이러한 가치를 만들어내기까지 그들이 쏟은 노력과 타당성이 분명하기 때문이다.

이 장에서는 프랑스인들이 비슷한 카테고리의 아이템들 사이에서 가치를 높인 좋은 사례를 소개하려고 한다. 전 세계적인 수많은 명품을 만들어낸 그들에게는 어떤 비결이 숨어 있을까?

파리에서 편집숍 찾기

—————— 'Merci' 문구가 없는 메르시 에코백을 상상해봐! ——————

브랜드는 고대 유럽에서 가축을 구분하기 위해 인두를 달구어 낙인을 찍는 것에서 유래했다. 상표란 결과물을 나타내는 함축된 암호에 가까운 것이다. 좋은 아이템은 상품의 라벨만 보아도 특징을 상상할 수 있다. 메르시Merci는 명품처럼 가격으로 가치를 부여하는 라벨은 아니다. 다만 아이템의 가치를 '작은 감사'라는 메시지가 담긴 사인만으로도 충분히 드러내고 있었다.

상표가 메시지가 된 'Merci'

여기 에코백이 있다. 오른쪽 눈을 가리고 왼쪽 사진만 보았다가 다시 왼쪽 눈을 가리고 오른쪽 사진을 보자. 어떤 차이가 있을까?

—— 'Merci' 문구가 있고 없고의 차이가 크게 느껴진다.

이 아이템은 마 소재의 리넨 에코백이다. 빈티지한 멋스러움과 봄날을 연상시키는 산뜻한 색감은 자연스럽게 구겨지는 게 특징인 리넨 소재 덕분에 두드러진다. 프랑스 여자들에게 에코백은 습관이다. 작은 손가방을 들고 어깨에는 에코백을 걸치는 게 나름의 코디이기 때문에 그날의 날씨, 옷차림, 기분에 따라 가볍게 걸칠 다양한 에코백이 필요하다. 그렇기 때문에 같은 소재라도 '작은 감사' 하나가 있고 없고의 차이로 선택은 달라질 수 있다. 메르시라는 단어는 브랜드 라벨과는 분명히 다른 사인이다. 상품의 정체성을 하나의 단어로 대체했다고 말할 수 있을 것이다.

보통의 브랜드 라벨에는 신뢰성과 과시성이 공존하지만 메르시는 한 단어로 즐거운 메시지를 전달하기 때문이다.

Merci [mɛʀsi]
1. n.f **여성명사** 자비, 은혜
2. n.m. **남성명사** 감사, 사례
3. int. **감탄사** 감사합니다

프랑스어 'Merci'는 감사하다는 말이다. 이 단어는 가격, 보상, 균형을 나타내는 라틴어 '메르케스'에서 비롯되었다. "감사합니다"에 내포된 의미는 "감사하다면 대가를 지불해야 하는 거 아닌가요?"인 것이다. 이러한 보상이 담긴 인사를 상품에 기록하는 회사가 바로 메르시다.

2009년에 설립된 메르시는 파리의 패션, 디자인, 리빙, 가구 등을 한자리에 모은 콘셉트 스토어다. 파리에 부티크 성격의 장소가 없다고 생각한 베르나르 코엔과 마리 프랑스 코엔 부부가 프랑스 감성에 맞는 감각 있는 아이템과 디자이너를 한데 모으면서 문을 열었다.

메르시 숍은 아기자기한 가게가 늘어선 오마레Haut-Marais에서 시작했는데, 이곳은 마레지구와도 가깝다. 이곳을 찾아오는 길에는 세인트제임스Saint-james, 베자Veja와 같은 프리미엄 라이프스타일 브랜드가 모여 있어 여행객들이 둘러보기에도 좋다. 메르시 숍은 간판이 없고 바로 옆에 위

—— 입구에 'Merci'라는 판이 달린 빨간 자동차가 눈에 띈다. 내부에는 패션잡화와 팬시문구, 가구와 리빙 소품 등 다양한 섹션이 있는데 특히 리빙 아이템이 풍성하게 진열되어 있다.

치한 카페가 화려한 탓에 초행길이라면 입구를 찾지 못해 헤매거나 기웃거리게 되지만, 프랑스 가정집 같은 마당을 지나 빨간 자동차 옆의 좁은 문을 열고 안으로 들어서면 마치 비밀스러운 장소처럼 두근거리는 기분이 드는 가게로 입장하게 된다. 앤티크한 건물에 현대적인 감각의 소품들 그리고 좋은 냄새와 공간의 아늑함에 감탄이 절로 나온다.

'착한 공급'이 이어지는 이유

메르시라는 문구가 함축된 암호에 가까운 사인인 데는 그럴 만한 이유가 있다. 메르시의 운영 방식에 착한 공급이 포함되어 있기 때문이다. 이곳에서는 좋은 품질과 뛰어난 디자인의 제품을 아주 합리적인 가격에 살 수 있다. 특히 컬렉션이 세분화된 패션 아이템은 금세 눈길을 끌 만큼 독특하다. 특히 입생로랑이나 스텔라 매카트니Stella McCartney 같은 브랜드의 디자이너들이 직접 디자인한 메르시의 상품은 '디자이너의 자비'라고 불릴 만큼 뛰어난 모습을 자랑한다. 이곳에서 더 상징적인 공간은 빈티지 의상 섹션의 프리마켓 코너로, 단순한 중고 제품이 아니라 가수와 배우 같은 유명인사들이 기부한 의상으로 꾸려져 있다.

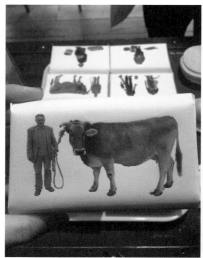

────── 농부와 소가 아닌 도시인과 소를 그려놓은 포르투갈 비누와 발 모양의 발톱깎이, 손 모양의 손톱깎이. 모두 메르시가 직접 셀렉하거나 다른 브랜드와 컬래버해 만든 제품이다. 메르시의 세심한 상품 기획을 엿볼 수 있다. 셀러문 파리 셀러 빠리댁이 찍은 사진이다.

메르시에 이처럼 착한 공급이 이어지는 이유는 많은 사람이 창업자 부부의 방향성을 응원하기 때문이다. 그들은 감각 있는 프랑스 아이템을 모으는 회사만으로 남고 싶지 않았다. 메르시가 파리지앵의 일상에 머무르는 브랜드가 되려면 파리지앵다운 사고와 감정이 더해져야 한다고 생각했다. 그래서 뜻이 맞는 디자이너들에게 재능 기부를 요청하고, 수익금 일부를 마다가스카르 남서부에서 추진되는 교육 프로젝트에 기부했다. 매년 교육 재단을 통해 누군가의 꿈을 키워주면서 감사, 자비라는 이름에 걸맞는 상품으로 그들의 활동을 기록하는 것이다. 메르시의 생각을 응원하는 디자이너나 기업 들은 익살스러운 컬래버 제품으로 기부에 동참하는 동시에 소비자에게 즐거움도 전달하고 있다.

의미 있는 소비가 이루어지는 곳

그래서 메르시를 찾는 이들은 의미 있는 소비를 즐긴다. 2018년 프랑스 대통령인 마크롱이 메르시 시계 LMM-01을 찬 사진이 대통령 홍보 인스타그램에 업로드되면서 주목받기도 했다. 마크롱 대통령은 고가의 명품 대신 메르시 시계를 착용하고 외교 활동을 한 덕에 젊고 신뢰감 있는 이미지를 쌓았다.

마치 사회 운동처럼, 상품에 적힌 'Merci'라는 단어를 보면 프랑스 사람들은 기부에 동참하고 있는 것으로 인식한다. 또한 메르시 상품을 구매하는 이들은 회사의 방향성에 공감하고 기부에 적극 참여한다는 자부심을 갖는다. 소비에 따른 또 하나의 만족을 얻는 것이다. 사람들의 감정과 동기부여를 활용한 메르시는 에코백, 펜던트 팔찌, 시계처럼 목적이 분명한 상품을 최대한 군더더기 없는 단순한 디자인으로 만들어 상징성을 높였다. 단순한 형태와 정확한 메시지, 이 두 가지가 화려한 디자인을 대신하고 소비자들은 그것을 즐기며 소비한다.

메르시에서 산 가죽 노트

나는 메르시에서 가죽 노트를 하나 구매했다. 그리고 지금, 구매한 이유를 다시 떠올려보았다.

내가 구매한 검은색 가죽 노트에는 사람의 얼굴 옆모습이 은색으로 스케치되어 있다. 귀를 가장 세밀하게 묘사한 조금 독특한 디자인으로, 귀 부분에 다른 가죽을 덧붙여 금색 도장으로 연결했고, 거기에 작은 금색 연필이 꽂혀 있는 모습을 표현했다. 마치 글을 쓰다가 잠시 고민할 때 귀 뒤로 연필을 꽂는 습관이 있는 사람을 스케치한 듯했다. 가죽은 부드러워서 쉽게 잘 펼쳐지고, 멋스럽다.

이 노트의 가격은? 40유로(한화 약 5만 원)가 조금 넘는 금액이다. 아무리 가죽이라지만 부담스러운 가격 때문에 구입을 많이 고민했다. 그러다가 내가 지불한 금액의 일부가 여성과 아이를 위해 기부될 거라는 정보를 받았다. 그러자 괜히 흐뭇한 마음이 들면서 가격에 대한 고민도 사라졌다. 이 상품이 ARK 영국 문구 회사와 컬래버한 것으로 그 회사의 감각 있는 에디터가 고른 노트라는 정보도 얻었다. "역시 메르시야." 메르시에 대한 신뢰감이 디자인 만족감을 뛰어넘을 만큼 가득해진다. 이런 의미 있는 상품이라면 마땅히 사야 한다. 기꺼이 40유로 이상도 낼 수 있다. 나는 특별한 노트를 찾는 사람이었으니까.

구매했을 때 받은 메르시의 기업 취지가 적힌 하얀 종이는 마치 기부한 뒤 받은 편지처럼 느껴졌다. 그 '작은 인사'로 상품의 가치가 달라진다. 회사의 비전을 알게 되고, 파리의 유명인사들이 그 생각에 공감한다는 정보를 듣고 나니 나의 소비 선택은 상품의 가격과 상관없이 달라졌다. 가죽 노트를 구매하면서 가치 있는 소비를 하는 자신이 조금 힙하다는 생각과 함께.

Paris, France

셰익스피어 앤드 컴퍼니

—————— 파리에 있는 영미 문학 서점 ——————

센강으로 둘러싸인 파리의 시테섬은 프랑스 민족의 발상지다. 이곳은 프랑스인의 뿌리인 켈트족이 기원전 3세기경 노트르담 대성당이 있는 자리에 그들만의 신전을 세우며 프랑스의 역사를 시작한 곳이다. 현재는 노트르담 대성당과 생트샤펠 성당, 그리고 파리 최고 재판소, 퐁네프 다리처럼 프랑스의 상징이 모두 모여 있다. 셰익스피어 앤드 컴퍼니 Shakespeare and Company는 시테섬 바로 맞은편에서 노트르담 대성당을 마주보고 있다. 파리로 여행 오는 사람이라면 한 번쯤 들르는 곳이자 영화 〈비포 선셋〉과 〈미드나잇 인 파리〉에도 등장한 아주 낭만적인 곳이다.

셰익스피어 앤드 컴퍼니는 1951년에 지어진 고서점이다. 시간을 거슬러 올라가면 1919년에 최초로 문을 열어 100년이 넘는 역사를 갖고 있지만, 시테섬을 마주하는 이 자리에서 다시 시작한 건 70년 남짓이다.

그런데 하필이면 이름이 왜 '셰익스피어 앤드 컴퍼니'일까? 프랑스에 있는 대부분의 건축물과 유명 레스토랑은 간판이 없어 항상 고개를 갸우뚱하게 하는데, 이 고서점은 세월을 뛰어넘은 빈티지한 간판에 영어 대문자와 셰익스피어 얼굴 그림이 크게 그려져 있다. 자의식이 강한 프랑스에서, 그것도 파리 역사에 한 획을 그은 핵심 지역에 영국 문호의 이름을 내건 서점이 들어섰다는 것은 특별한 이유가 없다면 꽤 신기한 일이었다.

실제 셰익스피어 앤드 컴퍼니는 역사의 흐름에 따라 세 번이나 상점을 이전했는데, 두 번째로 파리 시내 오데옹가 12번지에 다시 문을 열었을 땐 프랑스인을 염두에 두어 '르 미스트

— 오래된 간판이 그대로 걸려 있는 서점 입구

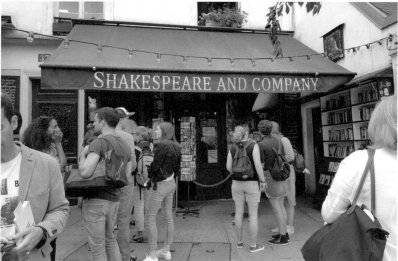

—— 파리 여행자들의 필수 코스인 세익스피어 앤드 컴퍼니

랄Le Mistral'로 서점명을 바꾸기도 했다. 하지만 1951년 세 번째로 상점을 다시 열면서 처음 명칭을 그대로 쓰게 되었다.

프랑스에서 꽃피운 영미 문학

파리에 셰익스피어라는 뜬금없는 상황을 설명하기 전에 문학 이야기를 잠깐 해보자. 프랑스에도 셰익스피어에 버금가는 문호들이 많다. 가장 대표적인 인물은 서점 바로 앞에 보이는 노트르담 대성당을 소재로 소설을 쓴 빅토르 위고다. 그는 프랑스 문학에서 낭만주의와 민중예술을 선도한 19세기 작가로《파리의 노트르담》과《레 미제라블》같은 명작을 남겼다.

빅토르 위고 이후에는《자기 앞의 생》을 쓴 로맹 가리,《어린 왕자》를 남긴 앙투안 드 생텍쥐페리와 같은 현대 문학사에 발자취를 남긴 작가를 다수 배출하며 그들의 낭만을 이어갔다. 프랑스인은 문학을 사랑하는 사람들이다. 그런데 왜 노트르담 대성당 앞에는 프랑스 작가가 아니라 셰익스피어의 이름을 딴 서점이 있는 것일까?

이 서점이 처음 문을 연 1919년, 미국에는 제1차 세계대전 후 전쟁에 회의를 느끼는 동시에 높은 실업률에 좌절해 스스로를 '잃어버린 세대'라고 부르는 지식인들이 넘쳐났다. 그때 수많은 젊은 예술가가 파리로 건너오게 되었다. 그중 한 명인 출판업자 실비아 비치는 뒤퓌트랑가 8번지에 셰익스피어 작품을 판매하는 서점을 열었다. 이후 미국에서 건너온 가난한 지식인들이 파리에서 고단한 일상을 보내고 있다는 소식을 들은 그녀는 그들을 위해 잠잘 곳을 제공하고 책을 빌려줬다. 그중에는 《노인과 바다》를 쓴 헤밍웨이와 《위대한 개츠비》를 쓴 스콧 피츠제럴드 같은 유명 작가들도 있었다. 그들은 셰익스피어 앤드 컴퍼니에서 술 한잔을 마시고 책을 빌려 읽으며 문학 열정을 이어갔다.

이 서점은 당시 아일랜드 소설가 제임스 조이스가 《율리시스》를 출판하는 데 도움을 주면서 영미 문학을 파리에 알리려 노력했다. 당시 현대 문학은 프랑스 문학과 영미 문학이 양대 산맥을 이루고 있었다. 프랑스 문학은 섬세한 표현으로 사고의 깊이를 더하는 반면 영미 문학은 투박하고 불규칙한 문체가 주는 매력이 있었다. 또한 전쟁 후 얻은 회의감 때문인지 세계를 바라보는 시선이 담백했다. 그래서 프랑스 문인들은 영미 문학에 더욱 호기심을 느끼게 되었다.

그들만의 살롱 문화

━━━━

셰익스피어 앤드 컴퍼니는 헤밍웨이와 같은 유명 작가들이 머무르며 점점 더 유명해졌다. 손꼽히는 작가들과 문학을 논할 수 있다는 매력 덕분에 호기심 많은 프랑스인과 다른 나라에서 온 작가 지망생들도 몰려들었다. 그러자 이곳은 단순히 영미 서적을 판매하는 서점 그 이상의 공간으로 탈바꿈했다. 문학도들에게는 작가를 만나기 위한 선망의 공간이 되었고, 누군가에게는 책을 빌리는 도서관이 되기도 하면서 서로의 꿈을 키워주는 문학의 장이 열렸다.

이것은 프랑스의 살롱 문화 덕에 가능했다. 프랑스에서는 17세기에 귀부인들을 중심으로 응접실을 개방해 지식인들을 모아 사교와 지적 교류를 하는 살롱 문화가 유행했다. 여기에서는 문학, 예술 등을 논하고 새로운 작품을 발표하기도 했는데, 이렇게 탄생한 문학 작품을 '살롱 문학'이라고 불렀다. 20세기에는 셰익스피어 앤드 컴퍼니가 문학의 밤을 주최하는 등 파리의 살롱 문화 공간을 제공한 셈이었다. 영미 문학과 프랑스 살롱 문화의 자연스러운 융화였다. 이곳을 거쳐 간 작가만 3000여 명에 이를 정도였다. 그들은 이 공간에서 서로 존중하며 문학에 대한 생각을 나눴다. 다른 문화, 다른 세계의 관점을 인정하며 각자만의 이야기를 자유롭게 써내려가자 자연히 이곳은 파리의 낭만이 되었다. 프랑스인들의 존중과 수용의 태도가 없었다면 파리 한가운데에 있는 미국인이 만든 서점과 영미 문학의 흔적을 낭만으로 여기긴 힘들었을 것이다. 하지만 가치를 인정하는 태도와 영미 문학의 다양성을 포용하자 또 다른 낭만이 만들어지고 오늘날까지 문학을 사랑하는 이들이 전 세계에서 이곳으로 찾아오게 하는 힘이 되었다.

낭만을 증명하는 방법은?

현재는 파리의 뷔셰리가 37번지로 장소를 옮긴 셰익스피어 앤드 컴퍼니는 이제 파리에서 빼놓을 수 없는 명소가 되었다. 관광객이 많이 몰리는 날이면 입장부터 쉽지 않다. 서점을 찬찬히 살펴볼 수 있도록 입장하는 고객 수를 제한해 서점 입구부터 긴 줄이 이어져 있다. 안에 있던 사람이 바깥으로 나와야만 입장이 가능하다. 서점에서 책을 읽는 사람이 많을 때는 평소보다 더 오래 기다려야 한다. 하지만 서점 문을 열고 빨간 나무 계단을 오르다 보면 긴 기다림이 무색하게 오래된 서점에서 나는 책 냄새와 고풍스러운 분위기, 천장까지 가득히 쌓인 책들로 한껏 마음이 차분해진다.

이곳은 셰익스피어 앤드 컴퍼니를 처음 연 실비아 비치의 설립 취지처럼 여전히 여행객들에게 숙박을 제공한다. 서점 안쪽에는 먼지 쌓인 고서적이 가득한 책장 사이로 틈틈이 서점이 아닌 공간이 보인다. 책장 아래에 포근한 소파 겸 침대가 있는가 하면 책장 안으로 빌트인 된 피아노도 있다. 소파에 앉아보았더니 여전히 부드럽고 포근하다. 가난한 작가들에게 제공되던 서비스가 지금까지 이어지면서 낭만적인 문화가 계속되고 있다.

시대의 바통을 이어받은 이 문화를 체험하고 싶다면 '텀블위드 Tumbleweed' 프로그램을 신청하면 된다. 단, 조금 독특한 이벤트를 수행해야 한다. 하루 동안 셰익스피어 앤드 컴퍼니에 있는 책 한 권을 읽어야 하고, 노란색 타자기로 자기소개서를 한 장 작성해 제출해야 한다. 이곳의 현재 주인인 실비아 위트먼은 자신이 쓴 책에서 이곳을 방문한 사람들의 상상력과 이야기를 책장처럼 켜켜이 쌓고 싶다고 언급했다.

나는 이 서점에서 낡은 피아노도 연주해보고 소파에 앉아 지나가는 여행자도 구경했다. 이곳을 빈손으로 나가는 이는 한 명도 없었다. 언뜻 생각하기로는 이곳을 찾은 사람들이 낡은 책장에 기대 고서적을 읽고 과거를 즐기는 것만으로 만족할 것 같지만 정작 발 디딜 틈 없이 많은 사람이 층층이 줄지어 있던 곳은 영문 서적을 판매하는 1층이었다. 이곳은 서점이다. 박물관도 아니고 과거 모습을 재현한 영화 촬영지도 아니고 영미 문학을 판매하는 게 목적인 곳이다.

나는 사람들이 책을 사기 위해 긴 줄을 서는 이유를 처음에는 몰랐다. 이곳에 있는 책은 다른 서점에서도 모두 구매할 수 있었다. 하지만 셰익스피어 앤드 컴퍼니에서 책을 샀다는 건 낭만적이고 조금 더 의미 있는 일이었다.

그걸 증명할 방법은?

책을 구매하면 직원이 책 첫 장에 셰익스피어 앤드 컴퍼니 도장을 찍어주었다. 사람들이 책을 사기 위해 줄을 섰는지, 도장을 받기 위해 줄을 섰는지는 지금도 모르겠다. 아마도 둘 다 목적이 아니었을까 추측할 뿐이다. 나도 영문으로 번역된 《어린 왕자》 양장본을 구매했다. 물론 책의

—— 이곳에서 책을 구매하면 특별한 도장을 찍어준다. 도장 하나로 책의 가치는 달라진다.

첫 장에는 서점 도장도 받았다. 셰익스피어의 얼굴 문양이 새겨진 도장을 보자 묘한 흐뭇함이 느껴졌다. 파리 시내 한가운데에서 영문으로 번역된 《어린 왕자》를 구매하면서 프랑스 책을 구한 느낌이 들다니. 설명하기 어려운 모순적인 만족감이 밀려왔다. 도장에는 파리의 낭만이 녹아 있었고, 그 덕분에 책의 가치도 한층 높아진 듯했다. 심지어 가격도 정가보다 조금 더 비쌌는데 말이다! 물론 공항에서 누구나 한 번쯤 본 적 있을 만큼 유명한 셰익스피어 앤드 컴퍼니의 에코백까지 구매해서 책을 담아 나왔다.

이제 누군가 내가 사온 책을 보면서 "아마존에서 주문하면 되지 왜 파리에서 영문판 《어린 왕자》를 사온 거야?"라고 묻는다면 나는 당당히 첫 장을 펼쳐 보여줄 것이다. 셰익스피어 앤드 컴퍼니의 도장을 보여주는 순간 이 책의 가치는 달라진다. 파리 여행을 다녀온 사람이라면 "나도 그곳에 가본 적 있는데"라며 추억을 떠올릴 것이고, 영화 〈미드나잇 인 파리)를 본 사람이라면 "그곳을 다녀왔단 말이야!?"라며 내 구매에 공감할 수도 있다. 그러니까 작은 도장 하나가 책의 가치를 높여주기도 하고 누군가와 공감을 하게 도와주기도 하고 과거를 추억하게 도와주기도 하는 것이다.

4
장

소비자가 생각하는 합리적인 가격은?

나는 여행을 다니며 비슷한 상품의 가격을 비교하는 습관이 있다. 이를 테면 커피 한 잔이 프랑크푸르트에서는 5유로였는데 오스트리아 빈으로 넘어갔더니 4유로가 되었다거나, 맥주 한 잔 값이 빈에서는 8유로였는데 프라하에서는 163코루나(약 6유로)였다거나 하는 식이다. 목적이 같은 소비의 가치를 비교하는 것이다. 특히 상대적으로 물가 반영이 쉬운 식음료가 아닌 다른 카테고리의 물건을 비교하는 게 더 재미있었다. 프랑크푸르트 중앙역에서 구매한 펜과 파리의 편집숍에서 구매한 펜의 가격을 비교해보는 것이다. 펜 한 자루 값에 집중하다 보면 가격을 결정짓는 요소도 따져보게 된다. '프랑크푸르트에서 구매한 펜 끝에는 지우개가 달렸는데, 이 기능 하나 때문에 파리에서 구매한 펜보다 비싼 것일까? 가격의 차이를 결정짓는 요소는 뭘까?' 하고 생각해본다.

가격 차이는 지우개와 같은 기능이나 상품의 디자인 등 각각 다른 요소에서 발생한다. 유럽은 할인에 무척 둔감한 시장이지만, 이따금 같은 상품을 여러 개 사며 상점 주인과 상의해 에누리한 기억도 있다. 하지만 가격에서 이런 차이는 아주 작은 것에 불과하다. 상품에 어떤 목적이 있는 이상 적당히 지불할 수 있는 '기준 가격'이라는 게 있기 때문이다.

결국 가격은 누구나 한 번쯤 들어보았던 공급과 수요의 균형에 따라 결정된다. 하지만 내겐 이 균형이 잘 받아들여지지 않았다. 공급과 수요의 법칙은 어느 정도 적정 수준의 평균값을 오가는 가격을 설명할 때나 사용해야 할 용어 같았기 때문이다. 예를 들어, '배춧값이 작년보다 비싸네' '올해 배추 농사를 망쳐서 말이야' 하며 공급과 수요를 따지는 건 가격의 등락을 설명하는 것밖에는 안 되는 것 같다. 배춧값은 아무리 비싸봤자 배춧값이다. 그런 의미에서 나는 다시 한 번 가격의 의미를 생각해보게 된다.

여러 나라를 여행하면서 세상에 있는 수많은 '물건', 즉 공급을 경험했다. 특별한 목적이 있는 물건이더라도 어떤 이유로 공급이 줄어들면 그것을 대체할 새로운 공급은 어디서든 생겨났다. 물건을 사는 사람의 취향 또한 말할 것도 없이 변덕을 부린다. 살까 말까 망설이다 현지에서 더 싸다고 생각해 구매한 물건이 한국에서 비슷한 가격인 걸 보았을 때 후회하기도 하고, 정확히 내가 찾던 물건이라고 생각해 사놓고도 비슷한 물건과 또다시 비교하기도 한다.

과연 이런 불확실한 수요와 공급에서 우리는 가격, 즉 대가를 지불할 만한 합리적인 균형을 찾을 수 있을까?

나는 가격을 결정하는 본질적인 요인을 찾고 싶었다. 물건값에 평균을 뛰어넘을 만한 가치를 부여하는 것은 무엇일까? 시장에 존재하는 수요와 공급이라는 테두리 안에서 우리가 납득하는 기준 가격을 뛰어넘게 하는 요소는 무엇일까?

수많은 여행지의 상점을 돌아보며 느낀 건 '시간'이었다. 시간은 상품의 가격을 한순간에 뒤집는 새로운 가치다. 이것은 단순한 세월의 흐름이기도 했고, 예술가의 삶과 죽음이기도 했고, 자연의 변화이기도 했다. 상품에 부여된 가치가 극대화하느냐 그렇지 않느냐는 시간을 어떻게 바라보고 있느냐에 따라 달라진다.

완벽한 앤티크, 빅토리아 시대 귀걸이

―――――― 시간과 가격의 상관관계 ――――――

스톡홀름에 도착하자마자 처음으로 든 생각은 '뭔가, 참 스웨덴스럽다' 였다. 스웨덴의 수도니까 당연한 말처럼 들리겠지만, 이 말만큼 잘 어울리는 표현이 없었다. '스웨덴스럽다'에 함축된 의미는 다른 북유럽 국가들과의 작은 비교에서 나온 것인데, 덴마크처럼 과하게 아기자기하지도 않았고, 노르웨이처럼 투박하지도 않은 어느 정도의 화려함과 투박함이 균형을 이룬 인상이 이곳에서 느껴졌다.

아늑함과 화려함의 사이, 감라스탄

스웨덴에는 '얀테의 법칙'이라는 말이 존재한다. 이 말은 타인과 비교해 튀지 않으며 자신이 다른 사람보다 특별하지 않다는 평범함을 강조하는 것으로 자신의 개성을 드러내지 않고 주변과 어울리면서 조화를 이루어야 한다는 북유럽 지역의 덕목을 말한다.

수많은 나라의 오래된 도시를 다녀봤지만 스톡홀름의 구시가지인 감라스탄 Gamla Stan은 얀테의 법칙대로 평범한 아름다움을 간직한 곳으로 기

—— 감라스탄 골목의 상점들. 어스름한 저녁에 켜지는 작은 불빛이 아늑해 보인다.

억한다. 프라하의 구시가지 광장을 떠올려보자. 어느 나라든 구시가지는 과거의 가장 번성했던 모습을 간직하는 곳이라 늘 상상 이상의 화려함이 존재한다. 하지만 감라스탄은 왕궁을 곁에 두고 있음에도 화려하지도, 그렇다고 너무 투박하지도 않고 아늑했다. 놀라웠다.

감라스탄은 스웨덴어로 '옛 도시'를 의미한다. 독립된 섬인 이곳은 스톡홀름이 처음 만들어졌던 13세기부터 이어져온 전통 구시가지로, 과거에는 스웨덴의 요새 역할을 했다. 스톡홀름 중앙역을 지나면 보이는 곳에 자리잡고 있는데, 근처에는 스웨덴 왕궁과 가장 오래된 대성당 그리고 노벨 박물관 등이 있다.

항구 앞이라 더욱 운치 있는 감라스탄은 18세기에 문을 연 스톡홀름에서 가장 오래된 레스토랑, 개성 넘치는 숍과 조용한 와인 바 등으로 여행객들을 매혹한다. 이곳은 지나치게 화려하지 않으면서도 과거의 적당한 운치가 살아 있는, 바르게 정돈된 구시가지였다.

브링센 앤티크 상점과 빅토리아 시대 귀걸이

내가 감라스탄을 찾았을 땐 어스름한 저녁이어서 평소처럼 여행객이 몰리지 않아 적당히 여유롭게 산책하기에 좋았다. 그러다 대성당을 지나 구시가지 거리로 들어서는 조용한 입구에서 독특한 상점을 발견했다. 초

—— 감라스탄 구시가지의 앤티크 숍

록색 간판에 'BRINKEN ANTIK'라는 금장 글자가 쓰여 있었는데 이곳
부터 하나씩 살펴보고 싶은 마음에 그냥 지나칠 수 없었다.

　'브링센Brinken'은 '가장자리'라는 뜻이다. 이 상점의 특징은 말 그대로
가장자리에 있다는 것이다. 양 갈래로 갈라지는 길 사이 코너에 위치해
서 쇼윈도로 내부가 모두 보였다. 이름처럼 앤티크 숍이었다. 어디에나
있는 느낌인가 싶었지만 조금만 자세히 들여다보면 상품의 세월이나 진
열이 남달랐다.

스웨덴 사람들의 빈티지 상품을 대하는 태도는 다른 나라 사람들과 구별된다. 프랑스나 독일과 같은 서유럽에서는 벼룩시장이 도시마다 중요한 행사라서 큰 규모로 정기적으로 열리며, 빈티지를 수집할 때 주로 이곳을 찾아 누군가가 소장했던 상품을 구한다. 하지만 스웨덴에서 빈티지 제품을 구하려면 벼룩시장보다는 상점을 찾아야 한다. 스웨덴에는 앤티크 협회와 전문 딜러가 따로 존재해서 상품 유통 경로가 정해져 있다. 스웨덴의 우플란스가탄Upplandsgatan에 가면 앤티크 거리라 불리는 곳에 수많은 빈티지 상점이 늘어서 있다. 이런 곳을 세컨드 숍 또는 세컨드핸드 숍이라 부르며 그들만의 소중한 공간으로 여기고 이곳에 오래된 물건을 진열해둔다.

스웨덴 사람들이 가구에서부터 소품, 그리고 조명까지 빈티지 상품을 수집하는 걸 좋아하는 이유는 튀지 않으려고 하는 얀테 성향 때문이기도 하다. 그들은 새롭게 쏟아지는 신상 아이템보다 누군가의 손때가 묻고 오래도록 두어도 집에 잘 어울릴 단순한 디자인의 빈티지 가구를 좋아한다. 또한 빈티지 그릇을 수집하기 위해 유럽 그릇의 역사를 책으로 읽으며 공부할 만큼 애착도 남다르다. 스웨덴에는 그들의 가구나 생활소품 디자인이 현대 디자인에 큰 영향을 끼쳤다는 자부심이 있다. 그래서 소품과 가구의 변천사를 스웨덴 역사의 일부로 받아들인다. 이런 점 덕분에 스웨덴에서 빈티지라는 상품 카테고리가 가장 잘 안착한 게 아닌가 하는 생각이 들었다.

—— 쇼윈도에 진열된 상품은 모두 특정 시대의 앤티크를 카테고리로 수집되었다.

특히 브링셴 앤티크는 여느 평범한 스웨덴 빈티지 세컨드 숍과 달리 감라스탄의 역사를 지닌 골동품 빈티지 숍에 가깝다. 이곳에는 감라스탄의 예스러운 공간에 어울리게 고풍스러운 액세서리들이 쇼윈도에 진열되어 있었다. 상점 내부에는 가구, 키가 큰 조명, 다양한 소품과 액자가 많았는데 상점 내부를 찍을 순 없었지만 쇼윈도만 봐도 브링셴 앤티크의 특징이 한눈에 들어왔다.

나는 상점으로 들어가 쇼윈도에서 보았던 하얀 여인 조각이 새겨진 금색 귀걸이의 가격을 물어보았다. 그러자 주인은 가격을 알려주는 대신 옅은 웃음을 띠며 그건 빅토리아 시대 귀걸이라고만 대답했다. 여행객이 살 만한 물건은 아니다 싶었던 모양이다. 그래서 나는 이곳이 박물관이 냐 물었더니 상점 아저씨는 껄껄대며 웃었다.

이곳의 쇼윈도를 보면서 자연스레 근대 서양의 주얼리 역사가 떠올랐다. 귀걸이와 반지는 빅토리아 낭만주의 시대에 영감을 받은 디자인이고 나비 브로치는 자연과 곤충을 소재로 한 아르누보의 영향을 받은 디자인이었기 때문이다. 모두 19세기를 풍미했던 예술 형식이다.

보관 상태가 깨끗해 만든 지 얼마 안 된 액세서리 같지만 쇼윈도에 놓인 귀걸이는 진짜 19세기의 물건이다. 이 시기에는 높은 경제력을 가진 부르주아들이 왕족과 귀족의 전유물이었던 보석을 조금 더 저렴한 소재로 디자인을 답습해 만들었다. 그러는 과정에서 주얼리 디자인은 대중화되었다. 그래서 소재보다는 표현하는 방식, 곧 디자인에 따라 보석의 가치가 매겨졌다. 그때 모습 그대로 보존된 빅토리아풍의 귀걸이는 지금 브링셴 앤티크에 전시되어 있다.

이 귀걸이를 소장하는 건 어떤 기분일까? 지금과 같은 현대적인 옷에 빅토리아풍의 귀걸이를 하고 외출하기 위해 이 귀걸이를 구매하진 않을 것이다. 과거의 모습을 그대로 간직한 귀걸이는 인테리어 소품으로 사용할 수도 있고, 깨끗한 상태로 안전하게 보관하다 시간이 흐른 뒤 더 비싼 값에 되팔 수도 있다. 이 귀걸이는 더 이상 단순한 액세서리가 아니다. 시간이라는 가치가 더해진 작품이다. 가격은 여행객들에게 알려주지도 않을 만큼 올라가 있다.

쇼윈도의 특이한 액세서리와 조각품에도 눈길이 갔다. 진열된 액세서리 중에는 아프리카 원주민들의 문양을 본뜬 듯한 팔찌 세 종류가 놓여 있었다. 19세기에는 영국의 부유한 중산층이 유럽으로든 아프리카로든 여행을 떠나는 것이 유행이었다고 한다. 그때 가져온 기념품들이 당시 주얼리 디자인에 많은 영향을 끼쳤다. 이곳 브링센 앤티크에 전시된 액세서리도 아마 아프리카 팔찌를 유럽식으로 새롭게 디자인한 유행품 중 하나였을 것이다.

또 하나 재미있던 건 사람 모양을 한 조각품이었다. 이것은 스톡홀름 문화사 박물관에서 짐을 맡기러 로커룸에 들어갔을 때 복도에서 보았던 조각품과 유사해 보였다. 아마도 스웨덴에서 전통적으로 빚어오던 토우의 형태가 아닐까 하고 짐작했다. 도금된 조각품은 전시품 못지않은 비싼 가격으로 판매되고 있었는데 과거 스웨덴 부유층의 식탁 위에 놓여 있던 모습이 상상되었다. 브링센 앤티크는 19세기의 소품을 그대로 보존한 박물관 같았다. 그곳에 있던 상품들의 가격은 사용 목적을 뛰어넘는 또 다른 가치가 더해진 것들이었다.

앤티크 아이템의 가격을 결정하는 요소는?

앤티크라는 카테고리는 가격을 공부하기에 좋은 소재다. 상품이 지닌 역사는 가격이 변하는 폭을 가늠하기에도 좋고, 그 폭은 시간이 지날수록 꾸준히 올라가기 때문이다.

하지만 제아무리 앤티크라 해도 가격을 결정하는 데 여러 가지 고려 사항이 있어 때론 시간이 가격을 정하는 데 방해가 되기도 한다. 사람들은 자기가 예상한 것보다 가격이 낮으면 의사결정을 빨리 하기 때문이다. 적어도 '19세기 빅토리아 시대 귀걸이가 이 가격이라고? 조금만 더 가지고 있으면 상품 가치가 올라가겠군'이라는 희망이 필요하다. 중간에서 상품의 시장가치 기준을 매겨주는 전문 딜러도 필요하다. 무엇보다 앤티크라는 소재에 흥미를 느낄 수요가 가장 필수적이다.

그렇다면 가격이 낮지도 않고 수요층도 대중적이지 않은 앤티크 카테고리 상품을 판매하려면 소비자를 어떻게 설득해야 할까?

앤티크의 가격 책정 요건에서 우리는 상품의 수요자에게 물건의 가치를 어떻게 수치화해서 보여줄지 고민해야 한다. 앤티크는 분명 시간의 테두리 안에서 가격을 정할 수 있다. 상품이 겪어온 시간적 경험과 인상을 상품의 가치로 책정하려면 바로 수량의 희소성을 강조해야만 한다. 세월을 그대로 겪었지만, 보관 상태가 좋고 상품에 얽힌 이야기도 흥미로운데 거기에 '단 하나뿐'이라는 수량의 희소성까지 더해진다면 그 상품의 가격은 어떤 요건 앞에서도 합리적으로 보이게 만들 수 있다. 곧 앤티크 상품의 가치는 가격과 수량이 반대로 움직이는 동시에 수요의 희소성을 수량의 희소성으로 극복하는 대표적인 예다.

다만 상품의 사용 편의성은 떨어진다. 앤티크라는 소재가 고객들에게 선택될 때는 단순히 사용성보다는 가격 상승의 희망이라는 다른 목적을 갖는다. 앤티크를 손쉽게 일상에서 사용하는 방법은 없을까? 바로 여기에 앤티크 상품을 대중적인 아이템으로 만드는 기회가 있을 듯하다.

프랑크푸르트 중앙역에서 만난
드라큘라 노트

시간을 활용한 디자인 시류, 앤티크

앤티크 상품을 찾는 사람들의 특징을 생각해보자. 그들은 상품에서 풍기는 오래된 세월의 느낌을 좋아한다. 그리고 지난 시간에 대한 존경심 덕분에 그 상품의 가치를 알아본다. 하지만 그 상품이 가격 면에서 유리하지 않다면? 또 시간을 겪어내느라 생각보다 낡고 초라하다면? 그들은 앤티크를 일상적인 상품으로 사용할 방법이 없을까 고민하게 된다. 가격의 합리성을 고려해서 말이다. 그래서 빈티지를 그저 골동품으로 내버려두지 않고 가치를 더해 재생산하는 방법들이 등장했다. 낡고 오래된 지나간 시간의 느낌을 어렴풋하게나마 디자인으로 표현한 것이다. 이런 소재는 디자인 시류 중 하나로 특정한 취향을 지닌 사람들의 수요를 만족시키고 있다.

여행에서 발견한 빈티지를 소재로 한 노트

프랑크푸르트 중앙역은 플랫폼의 규모가 크진 않지만 유럽 여러 나라로 가는 열차편이 모이는 거점이라 독일에서 가장 많은 이용객이 모여드는 곳이다. 네오르네상스 양식과 신고전주의 양식이 공존하며 건축학적으로도 의미가 있는 건물이다. 역 내부에는 다양한 상점들이 여행객을 맞이하고 있는데 특히 플랫폼 한가운데 길게 자리한 큰 서점이 눈에 띈다. 유동 인구가 많은 역에는 보통 카페나 기념품 상점, 식당이 들어서기 마련이지만 프랑크푸르트 중앙역에서 가장 큰 상점은 서점이었다. 독서를 좋아하고 시간을 낭비하지 않는 독일인다운 모습이었다. 서점에 들러 책과 작은 가판대에 놓인 문구류를 보고 있는데 눈길을 사로잡는 노트가 있었다.

서점 한 켠에는 책처럼 가지런히 놓인 독특한 문양의 노트가 나란히 꽂혀 있었다. 빈티지 숍에서나 볼 법한 오래된 서적 느낌의 앤티크 노트

—— 프랑크푸르트 중앙역 내부

지만 이곳에서는 평범한 책과 함께 진열돼 있었다. 장소가 맞지 않는 것
같았지만, 문구류라고 생각하면 또 그럴듯하다. 노트는 두꺼운 양장 재
질로 커버가 씌워져 있고 가죽끈 끝에는 자석이 붙어 있어 종이를 꽉 잡
아주었다. '사라사'라고 하는 표지의 중세풍 문양은 무역이 발달하면서
인도에서 유입된 것으로, 반복되는 패턴이 꽃의 피어남을 표현하고 있었
다. 노트를 펼쳐보자 첫 페이지 아래에 "페이퍼블랭크스Paperblanks에서 만
든 '우르비노의 보석Jewel of Urbino'"이라고 적혀 있었다. 노트의 이름인 모
양이었다.

—— 다양한 디자인의 페이퍼블랭크스 노트들이 진열되어 있다.

아무도 본 적이 없는 상품을 구매할 땐

앤티크는 디자인하기에 좋은 소재다. 가격을 올리는 기준이라기보다 대중에게 익숙해 고객들이 선택하기 좋은 대상이다. 물건의 가격을 책정할 때는 디자인에 대한 정보를 제시하지 않는 이상 원가에 비례한 가격 이상으로 설정하기가 쉽지 않다. 디자인에 들어간 비용을 사람들에게 설득하기 어렵기 때문이다. 하지만 앤티크 디자인은 특별한 설명 없이도 사람들의 취향을 공략할 수 있다. 과거의 모습을 흉내 낸 독특한 소재 덕분에 품질에 대한 신뢰감도 높아진다.

게다가 사람들은 처음 보는 상품을 구매할 땐 디자인보다 품질과 가격을 따진다. 그런 면에서 앤티크 소재는 가격의 허용 범위를 조금 넓혀준다. 과거부터 꾸준히 사용되었다는 경험이 반영되어 품질 면에서 안정감을 주기 때문이다. 그래서 한 번도 본 적 없는 물건을 선택할 때 사람들은 익숙한 앤티크 디자인만으로 품질과 가격의 균형을 가늠하기도 한다. 이것이 페이퍼블랭크스가 글로벌 브랜드로 탄생한 비결이었다.

그럼에도 페이퍼블랭크스의 앤티크 노트는 비교적 가격이 비싼 느낌이다. 손바닥 크기보다 작은 노트가 25유로(한화 약 3만 원) 정도로 선뜻 손이 가는 상품은 아니다. 그렇다면 어떻게 페이퍼블랭크스는 일반 메모지로 가득 채워진 노트를 소비자가 납득할 만한 제품으로 만들어 글로벌 기업이 되었을까?

앤티크한 디자인에는 스토리가 필요하다

사람들에게 상품의 가격을 설득하려면 어떤 노력이 필요할까? 그리고 상품의 품질과 가격의 균형을 인정받아 수요층을 두텁게 하려면 어떻게 해야 할까?

페이퍼블랭크스는 자신들만의 독특한 디자인과 상품에 숨은 이야기를 활용했다. 곧 디자인과 스토리가 가격의 이유가 되어 고객에게 특별한 가치로 다가가길 바랐다.

이 회사의 창업자 빅터 L. 마크스는 여행에서 노트의 영감을 얻는다고 한다. 매일 곁에 두고 업무 일지 또는 다이어리로 사용할 노트를 만들고 싶어서 예스럽고 품위 있는 앤티크 디자인을 선택했다. 디자인에는 단순한 아름다움뿐 아니라 여행에서 접한 다른 나라의 역사와 문화를 담아냈다.

내가 프랑크푸르트 중앙역에서 발견한 '우르비노의 보석'이라는 이름을 가진 이 노트도 창업자 마크스가 우르비노를 여행한 후 고안한 디자인이다. 이탈리아 중부에 있는 중세 성곽도시인 우르비노는 레오나르도 다빈치가 설계한 도시 성벽을 재건해 더욱 유명해졌다. 우르비노를 방문한 마크스는 이곳에서 1755년에 인쇄된 책의 독특한 바인딩을 발견했다. 천의 가장자리를 마감하는 장식으로도 쓰이던 이곳의 세공 방법을 페이퍼블랭크스의 에디터와 디자이너가 우르비노의 보석이라는 이름의 노트 커버로 재탄생시켜 전 세계에 판매했다. 그리고 지금은 프랑크푸르트를 다녀간 내 손에 그 우르비노 세공 방식의 노트가 있다.

페이퍼블랭크스는 전 세계에서 예술적 소재를 찾기 위해 여전히 여행 중이다. 나는 한국에는 없는 상품을 발견하고 가격을 유심히 봤다. 144페이지에 130×180밀리미터 바인딩 사이즈의 노트가 25유로로 판매될 때는 앤티크한 소재만으로 설득되진 않는다. 상품 이면에 숨은 스토리가 구매의 이유가 되었다는 뜻이다.

이 아이템은 셀러문에서도 판매된 적이 있었다. 마크스의 여행이 누군가의 여행과 이어져 새로운 소비자를 만난 셈이었다. 우르비노 노트를 구매한 고객은 독일 여행 중에 보았던 노트를 찾다가 셀러문을 알게 되었다고 피드백했는데, 아이템만으로 셀러문을 찾는 모습을 보면서 우리가 서비스를 구구절절 설명하는 게 과연 의미가 있을까 싶었다.

그렇다면 고객에게는 무엇이 중요했을까? 그들에게는 구매처와 상관없이 여행에서 보았던 아이템(또는 비슷한 아이템)을 그들이 생각하는 합리적인 가격으로 살 수 있는지가 중요했다. 그러려면 우리의 목표 역시 '고객이 찾는 아이템을 그들이 원하는 가격으로'라는 게 분명해진다.

상품의 균형 가격은 놀라움의 적정 수위

가격을 책정할 때는 두 가지 요소를 고려한다. 첫 번째는 '비슷한 상품군이 어떤 가격대를 형성하고 있는가'이고, 또 다른 하나는 '내가 팔려는 상품이 고객에게 어떤 놀라움을 주고 있느냐' 하는 것이다. 이 두 가지로 고객에게 가격을 설득해야 한다.

페이퍼블랭크스 노트 중 가장 인기 있는 아이템은 '드라큘라 노트'다. 이것은 위의 두 가지 요소를 모두 충족한다. 먼저 노트의 희소가치를 높이기 위해 드라큘라라는 콘텐츠를 사용했다. 이 노트는 오래되어 낡은 듯 찢어진 가죽을 흉내 낸 표지에 붉은 글씨로 'DRACULA'라고 적힌 모습이 기괴스럽기까지 하다.

표지는 영국 소설가 브램 스토커가 1897년에 출간한 《드라큘라》의 원고를 재현했다. 노트의 왼쪽 글은 브램 스토커의 필체 그대로 적혀 있고, 자석이 붙은 오른쪽 커버에는 작가의 서명이 쓰여 있다. 페이퍼블랭크스는 초판 발행 120주년에 맞춰 이 노트를 출시했다. 소비자들은 디자인과 재미를 갖춘 노트를 놀라워하며 구매했다. 실제로 피 묻은 《드라큘라》 원고를 받아보는 것 같은 기분을 느낀 것이다.

상품에 이런 콘텐츠를 활용하는 것이 가격을 결정하는 데 항상 적절한 방식은 아니다. 늘 이런 스토리가 숨어 있긴 어렵고, 잠깐의 이슈만으로 아이템이 지속되지는 못하기 때문이다. 하지만 이런 방법은 종종 가격의 변수로 작용한다. 드라큘라 노트가 경쟁사의 노트와 비교해 높은 가격임에도 소비자에게 선택받은 것처럼 말이다.

크기에 따라 30~40유로(한화 약 4~5만 원) 사이로 판매 중인 이 상품은 구매의 이유를 만들어줌으로써 고객 스스로 가격의 적정 수준을 판단하게 했다. 앤티크 디자인의 노트라 하더라도 좀 더 비싼 비용을 지불할 때는 콘텐츠를 즐기는 사용료가 포함되어 있다. 이처럼 페이퍼블랭크스는 상품 가격에 스토리가 필요하다는 사실을 알고 있었다. 이것이 그들이 전 세계를 여행하며 또 다른 이야기가 담긴 노트를 생산하는 이유일 것이다.

음악의 도시 빈에서 그림이란

가격과 예술가

오스트리아 빈으로 여행을 가면 한 번쯤은 저녁에 근사한 옷을 차려입고 오페라를 보아야 하지 않을까? 오스트리아는 모차르트가 태어난 곳이고 거리 곳곳에서는 바이올린 선율이 흘러나온다. 하지만 빈은 음악 못지않게 미술의 도시이기도 하다. 자연사 박물관을 마주하고 있는 미술사 박물관과 알베르티나 미술관이 그것을 증명한다. 빈은 〈키스〉로 대표되는 화가 구스타프 클림트, 자화상으로 유명한 에곤 실레 등 수많은 현대 화가를 배출한 도시이기도 하다. 이곳에서 누구의 그림이 어디에 걸려 있느냐에 따라 가치가 달라지는 걸 뚜렷하게 확인하기도 했다.

미술사 박물관의 티켓 가격

여행에서 옵션에 따른 묶음 가격을 경험으로 배울 때가 있다. 낯선 나라에서 대중교통 티켓을 구매할 때 우리는 24시간 권, 12시간 권, 1회 권 중에 무엇을 구매할지 고민하곤 한다. 목적지와 환승 횟수, 이용 시간 등 대중교통을 몇 번 이용해야 이익인지 고려한 후 티켓을 선택한다.

오스트리아 빈의 미술사 박물관을 입장할 때도 마찬가지였다. 직원은 내게 연간 티켓을 구매하겠냐고 물었다. 처음에는 여행객에게 연간 티켓을 권유하는 게 도무지 이해되지 않았다. 하지만 곧 그녀의 친절한 설명 덕에 수긍이 갔다. 연간 티켓을 구매하면 빈에 있는 일곱 개의 박물관을 원하는 대로 방문할 수 있어서 여행객일지라도 여행 기간에 따라 합리적일 수 있다는 것이었다. 이곳에는 연간 티켓 이외에도 옵션에 따른 묶음 티켓의 종류가 다양했다. 박물관의 관람 범위, 오디오 가이드 종류 등에 따라 다양한 선택지가 있었다. 3유로에서 44유로까지 촘촘하게 옵션이 붙은 가격을 보면서 티켓을 공부하는 기분이었다.

결국 나는 옵션을 고려하지 않고 딱 필요한 것만 구매했다. 일부 전시

—— 빈에서 쉽게 마주할 수 있는 그림 상점

입장료 12유로와 오디오 가이드 6유로, 총 18유로를 내고 전시관에 입장
했다. 그리고 그 선택은 탁월했다. 미술사 박물관만으로도 너무 크고 넓
어서 오디오 가이드를 들으며 일부 전시를 보는 데만 해도 반나절 이상
이 걸렸다. 내가 빈에 머무는 며칠 동안 일곱 개의 박물관을 찾아다니는
건 입구에 깃발을 꽂고 온다는 목표가 아닌 이상 현실적으로 불가능했다.

　다양한 옵션의 묶음 가격은 합리적인 것으로 보였지만 실제로도 과
연 그럴까?

　묶음 가격은 공급자 입장에서 상품의 이익을 극대화하고 싶을 때 사
용한다. 얼핏 생각하면 옵션마다 할인된 가격이 묶인 상품인데 왜 이익
이 극대화되는지 의아할 수 있다. 하지만 공급자 입장에서 묶음 상품은

전체 판매 수량을 높이는 좋은 수단이다. 하나의 박물관을 찾아온 내게 일곱 개의 박물관을 권유한 것처럼 합리적인 가격을 가장해 다른 상품 여섯 개를 더 판매하려는 의도가 다분히 녹아 있다. 커머스를 운영하는 내가 오스트리아 박물관에서 이익을 내는 가격 설정법을 배운 격이었다.

미술관 vs. 그림 상점

때로 미술관과 그림 상점의 차이가 이해되지 않을 때가 있다.

빈에서 알베르티나 미술관을 찾았을 때 수많은 근대 작가의 그림을 보았다. 이곳에는 모네와 피카소 같은 유명 화가의 작품도 있지만 처음 보는 이름의 작가가 그린 그림도 있었다. 특히 세계에서 가장 많은 그래 픽 아트 컬렉션을 수집한 곳답게 판화와 소묘가 많았다. 미술관 밖으로 나오자 시내로 들어가는 골목에 미술관에서 본 것과 비슷한 그림들이 걸 린 그림 상점들이 늘어서 있었다.

그곳에는 빈의 풍경을 묘사한 그림부터 판화, 알베르티나 미술관의 소묘 작품들을 오마주한 그림 등이 다양하게 있었는데, 수많은 화가 지 망생이 그려놓은 그림들은 알베르티나 미술관을 보란 듯이 마주보고 있 었다.

미술관과 그림 상점의 가장 큰 차이는 그림의 가격이다. 두 곳에서 다루는 그림들은 가격의 위치가 다르다. 가게에서 파는 그림은 크기에 따라 50유로에서 500유로 사이로 가격이 형성되어 있지만, 미술관에 걸려 있는 그림은 가격을 매길 수 없을 만큼 천문학적인 수치를 자랑한다.

생각이 여기까지 미치자 가격의 차이에 의문이 들었다. 이 상점에 걸려 있는 그림 중 하나가 50년 후 미술관에 걸린다면 지금의 가격이 합리적인 것일까? 특히 소묘나 판화와 같은 그림은 미술관과 그림 상점의 차이를 크게 느끼지 못했다. 상점의 그림들이 화려한 조명을 받으며 고급 액자에 걸려 있었다면 아마 그 차이를 더욱 몰랐을 것이다.

가격을 결정하는 요소, 곧 가치를 결정하는 요소가 시간과 희소성이라면 '예술'을 해석하는 기준이 필요하다. 그리고 예술가 사후에 작품이 가질 가격의 변화도 이해해야 한다. 나는 예술가의 작품과 지망생의 습작을 비교하며 가격의 본질을 다시 이해하고 싶었다. 수십 년에 걸쳐 작가에 대한 평가가 쌓이고 작품의 가치를 인정받아 예술가의 작품이 되었을 때 가격이 바뀐다면 가격은 곧 타인이 정해주는 셈이다. 그러니까 그림은 공급자(그리는 이)가 아니라 시장과 시간이 가격을 정해주는 게 아닐까 하는 매우 재미있는 생각이 들었다.

시장에는 '리셀'이라는 판매 방식이 있다. 빈티지하거나 유니크한 아이템, 한정판인 품목이 이런 방식으로 거래되고 있다. 화가가 그리는 그림의 가격이 타인에 의해 정해지는 것처럼 리셀 역시 가격을 공급자가 결정하지 않는다.

누군가의 의뢰를 받아 그림을 그리지 않는 이상 화가가 스스로 작품으로써 그림을 그릴 때 가격을 생각하고 그리지는 않는다. 하지만 시장에서 그림의 가치를 인정받으면 오히려 더 큰 이익이 돌아온다. 리셀가 또한 처음 상품이 출시됐을 때의 가격은 고정값이지만 시장의 수요에 따라 값어치가 높아지고 거꾸로 상품을 구매한 사람에게 이익이 돌아간다.

가격을 공급자가 결정할 때, 수요자는 더 낮은 값을 원하게 된다. 피카소가 무명 시절일 때 자신이 그린 그림을 몽마르트르 언덕의 그림 상점에 팔러 갔다. 그는 주인이 자기가 원하는 가격보다 200프랑이나 깎자 집으로 돌아왔다. 하지만 돈이 없었던 그는 너무 배가 고파 다시 그림을 들고 상점으로 갔다. 그러자 주인은 어제 부른 가격보다 200프랑을 더 깎았다고 한다.

이 이야기만 봐도 가격은 공급자가 정하는 게 아니다. 수요와 시장 환경에 따라 가격이 변한다면 피카소는 명성을 얻기 전 가격을 잘못 책정한 것일까? 눈치작전을 잘 못한 것일까? 정확한 가격을 책정하기 위해서는 수요자가 가격을 결정하는 공식을 이해해야 한다. 수많은 사례를 보면서 수요와 공급의 균형이 가격을 형성하는 것이 아니라 때로는 그 둘의 비대칭이 가격에 영향을 미친다는 것을 알게 되었다.

수집과 가격

내가 빈 미술사 박물관을 방문했을 땐 피터르 브뤼헐 작품전이 열리고 있었다. 사망 450주기를 맞아 열린 회고전으로, 평생에 한 번 볼까 말까 한 전시를 운 좋게 보았다. 그런데 나는 어떻게 네덜란드 화가인 그의 작품을 오스트리아에서 보게 되었을까? 그의 작업 여행을 떠올려보아도 이탈리아와 프랑스를 다닌 것이 전부인데, 어떻게 오스트리아에서 이렇게 많은 브뤼헐의 작품을 가지고 있었을까?

브뤼헐은 그림에 다양한 의미를 담아내 실력을 인정받는 화가다. 먼저 네덜란드 서민층의 일상 풍경을 묘사해 네덜란드 역사를 문화적으로 이해하는 데 도움을 주었다. 또 과학적으로도 의미 있는 작품을 다수 남겼다. 유럽에는 13~17세기에 소빙하기라고 부를 정도의 혹한이 찾아왔는데, 브뤼헐은 추위가 절정에 달했던 1564년의 겨울 풍경을 그림으로 기록해 많은 학자에게 주목을 받았다.

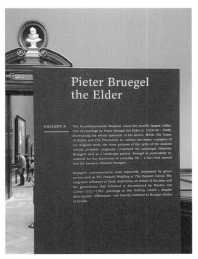

—— 운 좋게도 피터르 브뤼헐 작품전을 감상할 수 있었다.

하지만 그는 처음부터 인기가 높았던 예술가는 아니었다. 그는 살아 있는 동안 자신의 작품으로 명성을 누리지는 못했다. 그러다가 누군가의 수집이라는 취미 덕분에 오늘날까지 작품이 전해지면서 가치를 인정받게 되었다. 그 사람은 바로 신성로마제국의 황제 루돌프 2세다. 그가 속한 합스부르크 가문(13~20세기까지 오스트리아를 지배한 가문)은 브뤼헐의 작품에 많은 관심을 보였다. 일상적인 풍경을 담은 그의 작품이 다른 나라에 팔려나가자 브뤼헐의 아들은 아버지의 작품을 재생산해 그렸다. 그러자 귀족들 사이에 그의 그림을 수집하는 게 취미로 자리 잡았고, 가격도 점차 천정부지로 뛰기 시작했다. 이처럼 수집은 대중적으로 확산되거나 시장에서 인정받지 못한 경우에도 새로운 수요를 창출할 수 있다. 우리는 예술가의 그림이 세월을 겪으며 누구 손에 어떻게 흘러 들어갔느냐의 차이로 그림 상점에 걸릴지 미술관에 걸릴지 거꾸로 유추해볼 수 있다.

내가 오스트리아 그림 이야기를 길게 한 이유는 그림을 좋아하는 사람들이 셀러문에서 오스트리아 판화와 빈 미술사 박물관에 있는 브뤼헐 그림의 복제 엽서를 많이 구매했기 때문이다. 어떤 사람은 오스트리아 상점에 걸려 있던 50유로(한화 약 7만 원)짜리 그림을 셀러문에서 19만 원에 구매했다. 사람들이 돈을 쓰며 그림을 수집하는 모습을 보면서 그림의 가격과 수요가 고루한 역사 속 이야기만은 아니라는 생각이 들었다. 현재도 그림과 같은 하나의 카테고리만 다루는 시장이 있다. 철저하게 수요에 따라 형성되는 가격의 흐름이 재미있다고 느낀 포인트다.

5
장

100년 동안 사랑받는 아이템의 조건

100년 이상 된 세계적인 기업을 한번 떠올려보자. 한 세기 동안 고객의 곁을 지킨 브랜드들이 금방이라도 떠오를 것 같지만 유명한 글로벌 기업 스타벅스, 누텔라를 만든 페레로 같은 곳도 사실 100년이 채 되지 않았다. 그나마 우리가 익히 들은 브랜드 중에는 스와로브스키 정도가 100년을 넘어선 기업이다. 스와로브스키는 1895년에 오스트리아에서 개발한 크리스털 커팅 기계로 창업한 후 지금까지 전 세계 여성들의 사랑을 받고 있다.

이처럼 한 세기를 견딘 기업을 찾기란 쉽지 않다. 케빈 케네디가 쓴 책 《100년 기업의 조건》을 보면 다국적 기업의 수명은 40~50년이 대부분이며 그 후에는 인수합병되거나 사라진다고 한다. 이렇듯 100년 된 기업도 찾기 힘든 마당에 100년이 넘도록 끊임없이 생산되는 아이템이 과연 있을까?

나는 오래도록 명맥을 유지하며 생산되는 아이템이 가진 힘의 비밀을 찾고 싶었다.

먼저 기업을 보자. 흔히 오래 살아남은 기업은 시장이 바뀔 때마다 변화에 발 맞춰 새로운 제품을 선보이거나, 같은 제품이라도 마케팅 전략을 바꿔가며 시장에 적응하거나, 끊임없는 조직 혁신으로 리스크를 관리하는 것이 비결이라고 한다. 하지만 기업은 새로운 투자와 제품 개발에만 신경 쓰면 브랜드 이미지를 유지하기가 비교적 쉬운 편이다. 하나의 아이템이 100년이란 오랜 세월 동안 계속해서 생산되려면 기업과는 다른 요건이 필요할 것 같았다.

나는 해외여행에서 만난 아이템 중에 영원히 사라지지 않을 것이 무엇인지 떠올려보았다. 그러자 신기하게도 '동심'이란 단어가 생각났다. 누군가와 평생을 함께하며 늘 곁을 지켜줄 흐뭇한 대상들은 하나같이 동심과 관련 있었다.

힘이 있는 스토리 속에서 탄생한 아이템이 그랬다. 어릴 때 읽었던 판타지 소설《해리포터》속 마법 지팡이, 하염없이 다음 권을 기다리며 아껴 보았던 만화《원피스》의 캐릭터 피규어 같은 것들 말이다.

장수 기업과는 달리 한 카테고리의 아이템이 계속해서 소비자들에게 다가가려면 '힘이 있는 스토리'가 있어야 했다. 그리고 그것에는 시간과 공간을 초월하는 흥미가 필요하다.

반복 생산되는 아이템의 뒤에는 항상 반복 생산되는 스토리 콘텐츠가 있었다. 이러한 콘텐츠는 소설, 만화 등 단순히 하나의 매개로 끝나지 않고 연극, 영화, 미술 등 다른 매체로 확장되어 반복해 노출되면서 사람들에게 시각적으로 각인되었다. 시간이 지나면 여기에 '고전'이라는 수식이 붙으면서 스토리를 기억하고 싶은 사람들 사이에서 새로운 아이템을 탄생시키기도 한다. 그렇게 하나의 콘텐츠는 다른 영역으로 무한히 재생산된다.

이런 생각을 하게 된 데는 핀란드에서 만난 무민과 이탈리아에서 만난 피노키오가 영향을 주었다. 어렴풋이 잊힌 오랜 이야기를 뒤로 하고 상품으로 먼저 마주하자 물건에 힘을 갖게 하는 것이 스토리가 아닐까 역으로 생각한 것이다. 어떤 물건이든 꾸준히 사용하다 보니 그 생각은 더욱 굳어졌다. 이야기는 많고 그에 얽힌 아이템도 많지만, 오래도록 사랑받는 것은 소수에 불과하다. 물건이 영원히 사라지지 않으려면 영원히 사라지지 않을 스토리에 집중해야 한다. 아이템을 선정할 때도 순서를 바꿔 물건 먼저, 스토리를 뒤에 두어 단순히 물건에 집중한다면 본질을 놓치고 만다.

큰 이변이 없다면 앞으로도 무민이나 피노키오는 애니메이션으로 사랑받고, 작품으로 전시되며, 고전 그림책으로 읽히면서 우리의 다음 세대에까지 이어지지 않을까? 후세에 지금처럼 파란 눈을 가진 무민 인형을 품에 안고 자고, 이탈리아 여행 중에 발견한 피노키오 볼펜이 마르지 않길 바라며 아껴 쓰는 사람들을 상상하면 내심 흐뭇해진다. 이 장에서는 이처럼 끊임없이 생산될 사라지지 않을 아이템들을 '스토리'와 '공예'와 '시그니처'로 분류해서 살펴보자.

Helsinki, Finland

귀여운 무민 씨, 왜 이제야 나타났어요?

———————— 스토리와 아이템 ————————

핀란드는 산타의 나라이기도 하지만 나에게는 '무민의 나라'였다. 헬싱
키 시내든 유명 관광지든 어디를 가더라도 몇 걸음마다 무민 상점을 금
세 발견할 수 있었기 때문이다. 마트에서는 무민 쿠키, 무민 초콜릿, 무민
치약을 팔았고, 카페에서도 무민 그림이 그려진 머그잔을 사용했다. 어
느 상점 할 것 없이 다양한 브랜드가 모인 편집숍에서는 무민 상품이 필
수라도 되는 듯 그릇, 조명, 티셔츠, 테이블 시트 등 다양한 종류의 캐릭

터 상품을 팔고 있었다. 나는 그 모습이 익살스럽다고 생각했다.

스토리 먼저, 토베 얀손의 무민

무민 캐릭터의 가치는 어느 정도일까? 무민의 콘텐츠 라이선스와 아이템 판매권을 관리하는 무민 캐릭터스Moomin Characters Ltd.는 공식사이트 인터뷰에서 세계적으로 무민으로 인한 수익이 2016년 기준 6~7억 유로(한화 약 9000억 원)라고 밝혔다.

이런 엄청난 수익을 가져다주는 무민은 언제 탄생했고 어떻게 많은 사랑을 받게 되었을까?

무민의 원작자 토베 얀손은 어린 시절 아버지를 무서워하는 조용한 아이였다. 어느 날 어린 얀손이 동생과 싸우다가 화가 나서 동생을 겁주기 위해 부엌에서 나타난다는 북쪽 숲에 사는 무서운 괴물 트롤을 그렸다. 하지만 얀손이 그린 트롤은 귀여운 하마와 닮아 있었는데, 그게 무민의 시초가 되었다.

이후 얀손은 조각가 아버지의 도움으로 스톡홀름으로 유학을 떠나 일러스트레이션과 광고 디자인을 공부했고, 헬싱키로 돌아온 다음에는 반나치 성격의 잡지 〈가름GARM〉에 전쟁과 독재정권에 반대하는 풍자만화가로 활동하며 입지를 다졌다. 또한 그 잡지에 무민 캐릭터를 사용하기도 했다.

    얀손은 제2차 세계대전을 겪으며 친구와 친척을 잃었다. 〈가름〉이라는 잡지를 통해 전쟁과 히틀러, 스탈린을 풍자하며 자기만의 저항을 했지만, 그것만으로는 전쟁의 절망감을 견딜 수 없었다. 카투니스트로 활동하면서 그는 전쟁을 벗어난 자기만의 세계를 만들었고 자그마하고 안전한 곳, 무민의 세계를 만들어냈다. 그리고 1945년 첫 번째 무민 이야기 《무민 가족과 대홍수》라는 책을 출간했다.

무민의 세계가 열리다

무민 이야기는 첫 소설책 발간 이후로 26년간 꾸준히 이어졌다. 책에는 다양한 에피소드가 등장하는데 개성 강한 친구 리틀미와 모험을 떠나는 이야기, 무민파파가 홀로 보내는 조용한 여름 여행 이야기, 아늑한 무민 마을에서 벌어지는 좌충우돌 사건 등이 총 여덟 권의 연작소설로 나왔다. 얀손은 어린이 문학에 기여한 공로로 1966년 한스 크리스티안 안데르센 상을 수상했다.

    그의 소설은 《어린 왕자》처럼 어른을 위한 동화라는 평도 있다. 사건과 캐릭터의 성격에 핀란드인의 철학적 사고를 반영했기 때문이다. 무민은 전 세계 50여 개 언어로 번역되고 여러 나라에서 큰 인기를 끌었으며,

애니메이션으로도 제작되었다.

흥미롭게도 무민 애니메이션은 핀란드가 아닌 일본에서 판권을 사들여 제작했다. 후지테레비에서 방영되면서 전 세계적으로 알려졌고, 특히 일본 문화에 영향을 받은 아시아에서 더욱 사랑받았다. 무민 저작권을 소유한 무민 캐릭터스에 따르면 전 세계 판매 수익금 중 일본의 아이템 판매 수익이 30퍼센트 이상을 차지할 만큼 일본에서의 무민 사랑은 대단하다.

얀손이 디렉팅한 연극은 엄청난 인기를 끌어 유럽 전역으로 퍼져나갔고, 무민의 세계를 그대로 재현한 난탈리에 있는 테마파크 '무민월드'는 해마다 50만 명의 관광객이 찾을 정도로 사람들이 모여들었다. 그 외에도 콘텐츠로서 무민의 세계를 고심하며 얀손이 그린 원화와, 무민으로 조용한 철학을 표현한 그녀의 흔적을 수집한 미술 전시가 전 세계를 돌며 여전히 진행 중이다. 이처럼 얀손이 창조한 무민 이야기는 다양한 방식으로 확산되었다.

하얗고 통통한 커다란 배를 뒤뚱이며 짧은 손발을 움직이는 무민 씨는 아늑하고 따뜻한 그만의 세계에서 살고 있다. 멋진 자연에서의 모험 이야기도 재미있지만 가족과 평온한 일상을 나누는 평범한 이야기도 매력적이다. 얀손은 가장 힘든 시기에 무민의 세계를 그려 핀란드인뿐만 아니라 전 세계인들에게 위로를 전했고, 그녀의 영향력은 지금까지도 이어지고 있다.

그다음은 아이템, 굿즈의 한계를 넘다

무민의 가치가 기하급수적으로 성장한 것은 지금도 누군가는 무민 캐릭터 상품을 꾸준히 사용하기 때문이다. 그림책과 애니메이션이 전 세계적으로 사랑을 받자, 무민 세계에 살던 무민파파와 무민마마, 그리고 리틀미와 같은 귀여운 캐릭터들은 그림 밖으로 나와 자기와 똑 닮은 인형으로 재탄생했다.

하지만 무민 아이템은 단순히 굿즈goods에서 머물지 않았다. 기념품 숍에 있는 인형과 장난감만으로 무민 상품을 한정해서 생각할 수도 있지만, 무민은 자국민의 사랑으로 상품 영역을 점점 넓혀갔다.

—— 헬싱키 시내의 기념품 숍에서 판매하는 다양한 무민 아이템들

먼저 도자기 제품을 만드는 회사 아라비아^{Arabia}가 나섰다. 이 회사의 제품은 특유의 동양적인 디자인과 기하학적인 무늬로 스칸디나비아 그릇 디자인에 한 획을 그었다. 핀란드 가정 어디에서나 볼 수 있을 만큼 인기도 높다.《세계를 감동시킨 스칸디나비아 디자이너 37》이라는 책에서 '아라비아는 오직 핀란드인의 손에서만 성장한다'는 회사의 슬로건을 확인할 수 있을 만큼 그들은 북유럽의 식탁 문화를 스스로 바꿨다.

아라비아는 자국민을 사랑하는 마음만큼 피니시^{Finnish}(핀란드인)가 선호하는 감각을 꿰뚫어보는 능력도 뛰어나다. 무민의 인기를 눈여겨본 아라비아는 무민 디자인 카테고리를 만들어 그릇, 컵, 샐러드볼 등 다양한

—— 헬싱키 아라비아 팩토리에서 만난 무민 아이템들

형태의 식기류를 만들어냈다.

무민 캐릭터와 아라비아의 만남은 무민을 어린이용 상품으로 만드는 데서 벗어나 누구든 매일 사용하는 일상 용품이라는 새로운 영역으로 확장시켰다. 무민을 사랑하는 사람들이 실용적으로 소비하고 간직하는 유행이 생긴 것이다.

이런 컬래버가 하나의 디자인으로 안착하면서 무민의 '시장성'을 확인한 여러 핀란드 회사는 새로운 아이템을 만들 때 어느 정도 판매가 보장된 안전한 선택으로 무민 캐릭터를 쓰는 경우가 많아졌다. 그래서 핀란드의 가정집 욕실에서 쓰는 칫솔과 샴푸에, 마트에 진열된 자일리톨 껌과 과자에, 카페에서 만나는 머그잔에 무민이 자리하게 된 것이다. 이런 확장성 덕분에 무민 캐릭터스는 엄청난 라이선스비를 벌어들이게 되었다.

전 세계로 확장된 아이템

핀란드 시장에서 검증된 무민 캐릭터는 전 세계로 퍼져나가면서 소비층을 점점 늘려갔다. 아시아에서 무민 캐릭터 소비가 가장 많은 일본에서는 유명한 쇼핑센터라면 어디든 무민 스토어가 입점해 있다. 우리나라에서도 무민 상품을 사기 위해 일본으로 여행 가는 경우가 있을 정도다.

한국에서 무민이 인기를 끈 과정은 조금 독특하다. 콘텐츠보다는 아이템을 먼저 좋아하게 된 사례이기 때문이다. 2001년 무민 애니메이션이 처음 한국에서 방영되었을 때만 해도 인기가 없었다. 하지만 해외여행이 활성화되면서 핀란드와 일본 여행을 다녀온 사람들이 무민 아이템을 소비했고, 쇼핑 리스트로 소문나면서 팬층을 확보했다. 그 후 국내 시장에도 무민 수요층이 생기자 2017년 서울머천다이징컴퍼니SMC가 무민 캐릭터숍을 열고 2만 개 이상의 무민 캐릭터 상품을 판매했다. 캐릭터 굿즈가 성공적으로 안착하자 SMC를 통해 국내 무민 캐릭터 라이선스 계약을 요청하는 기업들이 늘어났고, 무려 60곳 이상과 계약하게 되었다. 이처럼 무민 아이템은 한국에서도 시장 영향력을 검증받았다. 재미있게도 감각적인 물건에 반응하는 한국에서만큼은 '스토리 먼저, 아이템은 다음!'이라는 공식이 깨졌다.

한국 팬층의 무민 캐릭터 수요에 눈을 뜬 기업이 성공 사례를 만들기도 했다. 바로 맥심이다. 사람들이 카페로 몰리고 믹스커피 대신 원두커피의 인기가 높은 지금, 맥심은 캐릭터 디자인으로 새로운 소비층을 확보하기 위해 나섰다. 맥심은 무민과 컬래버한 한정판 굿즈와 믹스커피를 세트로 판매하며 이슈를 모았다. 2030 여성을 타깃으로 한 귀여운 무민 캐릭터 굿즈가 믹스커피와 만나자 맥심 브랜드는 무민 팬층에게 호응을 얻게 되었다.

영원히 사라지지 않을 것 같은 아이템은 이렇게 꾸준히 재생산되면서 짐작도 못한 다른 모습으로 반복해서 생산된다. 우리는 모두 '팔릴 만한 아이템'을 찾기를 바란다. 그런 아이템은 고객들이 스스로 찾아와 광고비 집행을 최소화하고, 높은 마진율을 생성해 효율 면에서도 뛰어나야 한다. 우리는 무민 아이템과 협업한 핀란드 기업과 국내 기업의 사례에서 팔릴 만한 아이템을 어떻게 선정해야 하는지 확인했다. 동시에 하나의 캐릭터로 꾸준히 확장해나가는 아이템의 패턴도 파악할 수 있었다.

피노키오 코는 어디까지 길어질까?

—————— 공예와 아이템 ——————

피노키오의 나라 이탈리아, 그중에서도 피렌체는 공예가 발달한 지역이다. 공예라는 분야를 공업으로 바라볼지, 창의적인 생활용품을 만드는 디자인이나 예술로 봐야 할지는 명확하게 구분하기 어렵다. 그 둘을 나누기보다 순수한 디자인으로써의 미적 가치와 공업의 발달로 대량 생산되는 제품으로써의 가치 모두 공존하는 영역으로 봐야 한다. 이탈리아는 역사적으로 중세부터 각 도시의 수공업자들이 장인으로 존경받으며 기술력을 쌓는 데 집중했다. 그 후 제2차 세계대전으로 생긴 기근을 해결하기 위해 많은 사람이 수공예 기술을 배우면서 공예 강국이 되었다. 이탈리아는 산업 보호 차원에서 가업 승계 시 상속세를 면제하는 등 지원을 아끼지 않았고, 피렌체에서는 이탈리아 가죽 학교가 생길 만큼 공예 산업을 체계적으로 다져갔다. 이탈리아는 가죽공예, 유리공예, 목공예, 종이공예 등 다양한 분야에서 새로운 아이템을 만들어냈다. 피노키오도 그러는 중에 만들어졌다.

동화의 고전, 피노키오 이야기

전 세계 사람 중에 피노키오를 모르는 사람이 몇 명이나 될까? 카를로 콜로디가 쓴 동화 《피노키오의 모험》의 스토리를 정확하게 기억하는 사람은 많지 않겠지만 거짓말을 하면 코가 길어지는 피노키오 캐릭터를 모르는 사람은 거의 없다. 피노키오는 거짓말의 상징으로 가장 잘 알려진 캐릭터일 것이다.

《피노키오의 모험》은 1883년 이탈리아에서 출간되었다. 이야기는 피렌체에 살고 있던 목수 제페토가 우연히 말하는 나무토막을 얻어 꼭두각시 인형을 만들면서 시작된다. 제페토 아저씨는 피노키오를 학교에도 보내고 여느 아이들처럼 키우고 싶지만 순진하고 호기심 많은 피노키오는 자꾸만 유혹에 이끌려 모험을 떠난다. 서커스단에도 가고 유혹의 섬인 장난감 나라에도 가게 된다. 그 사이에 제페토 아저씨는 피노키오를 집으로 돌아오게 하려다 고래에게 잡아먹힌다. 그 소식을 듣고 반성하며 다시 집으로 돌아온 피노키오는 학교에 다니고 열심히 공부하며 착실하게 하루하루를 지내지만, 다시 모험에 이끌려 집을 나간다. 우여곡절 끝에 고래 배 속에서 제페토 아저씨를 만난 피노키오는 함께 탈출해 집으로 돌아와 착한 아이가 되기로 하고, 푸른 요정은 피노키오를 진짜 사람으로 만들어준다.《피노키오의 모험》은 좌충우돌 모험 이야기를 담고 있지만, 거짓말을 하면 코가 길어진다는 교훈 때문인지, 캐릭터의 앙증맞은 귀여움 때문인지 이후 다양한 콘텐츠로 확장되었다.

1940년에 처음으로 월트 디즈니에서 제작한 애니메이션 〈피노키오〉가 흥행에 성공했고, 그 후로도 계속해서 인기가 높아지자 디즈니는 같은 콘텐츠를 1992년까지 여덟 번 반복해서 재개봉했다. 우리나라 영화관에서는 1963년에 상영되었다. 피노키오는 동화에서도 훌륭한 고전이지만 월트 디즈니 애니메이션 중에서도 최고의 작품으로 손꼽힐 만큼 명작이 되었다. 애니메이션의 성공 덕분에 이제는 전 세계에서 인형극과 연극으로 재해석되어 공연되고 있고, 그림책과 여러 버전의 책으로 출간되어 100년이 지난 지금까지도 모든 사람에게 각인되며 세계적인 캐릭터로 남았다.

하지만 아무리 보아도 조금 이상한 점이 있다.《피노키오의 모험》스토리를 정확하게 기억하는 사람이 거의 없다는 것이다. 물론 애니메이션과 연극, 동화로 재생산되면서 원작과는 다르게 전개가 빠지거나 추가되었기 때문이기도 하지만, 사실 이 이야기에서 스토리 자체는 중요한 콘텐츠가 아니었다. 그보다는 나무 인형에서 사람이 되어가는 소재의 '모티프'가 핵심이었다.

이후 피노키오를 모티프로 사용한 영화도 다수 등장했다. 그 대표적인 예가 스티븐 스필버그 감독의 2001년 영화 〈에이 아이〉다. 영화에서는 주인공 데이비드를 피노키오와 비슷하게 보여주며 관객들에게 익숙함을 선사했다. 이처럼 다양한 해석으로 콘텐츠가 재생산되자 정작 동화의 전체 스토리를 기억하는 이는 드물게 되었다.

그러다 보니 피노키오를 다룬 아이템도 힘을 잃었다. 스토리와 이어지는 상품은 의미가 없었고 피노키오라는 소재로 어떻게 아이템을 만들어야 하는지, 가능성이 열린 공백의 아이템이 된 것이다.

제페토 아저씨의 상점, 바르톨루치

피노키오 이야기는 피렌체에서 시작되었다. 피노키오라는 말의 어원도 피렌체 사투리로 솔방울을 의미한다. 두오모로 가는 길목에는 바르톨루치Bartolucci라는 상점이 있는데, 노란 조명을 뿜어내고 있어 마치 피노키

—— 피노키오의 도시 피렌체에서 만난 바르톨루치 상점. 다양한 나무공예 아이템으로 가득하다.

오 동화 속으로 들어온 듯 기분 좋은 착각에 빠져들기 충분하다. 피렌체라는 낭만적인 도시에서 이 상점을 발견한 여행객이라면 누구라도 가게 앞에 놓인 벤치에 앉아 피노키오의 코를 만지작거리게 될 것이다.

목공예 기술이 무척 발달한 피렌체답게 상점에는 피노키오 인형만 있는 게 아니다. 나무로 만든 시계, 나무로 만든 주방용품, 나무로 만든 액세서리 등 다양한 나무공예 아이템이 진열되어 있다. 상점 안을 가만히 들여다보고 있자니 '쇼윈도에 있는 피노키오는 하나의 호기심거리일 뿐일까?' 하는 생각이 들었다. 피노키오가 아무리 귀여워도 이상하게 나무 인형을 사고 싶은 마음이 들지 않았기 때문이다. 상점 주인도 이를 잘 아는 듯 피노키오 인형을 전시품 이상으로 취급하는 것 같지 않았다. 고객에게 권유하는 상품은 대체로 볼펜, 연필, 열쇠고리와 같은 액세서리, 치즈 플레이트와 같은 나무로 만든 다른 기념품들이었다.

나무공예는 기술적인 수작업으로 생산하는 한 분야만을 특정하지 않는다. 이탈리아에서 나무공예 상품은 두 부류로 나뉘는데 실용성이 강조된 가구와 미적인 목적과 함께 실용적인 가치도 담고 있는 조형물이 있다. 아기자기한 걸 좋아하는 이탈리아 사람들답게 나무공예는 섬세하게 발달했다. 더구나 공예는 생산 과정에서 고객에게 조금 더 빠른 피드백을 줄 수 있는 제품 공정 방식이기도 하다. 공장이 필요한 대량생산 대신 기술자가 생산하는 소량의 물건은 고객에게 훨씬 빠르게 다가간다. 아이템을 선택하는 고객의 마음을 그때그때마다 만족시킬 수 있다는 장점도 있다. 그래서 피노키오 아이템도 단순한 나무 인형이 아니라 다양한 생활용품으로 변모해왔다. 피렌체 여행에서 누구나 한 번쯤 보았던 피노키오 볼펜이 그것을 말해준다.

바르톨루치 상점을 다시 살펴보자. 이곳은 제페토 아저씨의 나무 공방 같지만 피노키오만을 위한 상점이 아니다. 바르톨루치는 '나무의 마법으로 삶의 모든 공간을 활기차게 만든다'는 사명으로 이탈리아 전역에 150개 이상의 체인점을 가진 대기업이다. 이탈리아에서는 중세부터 전통 꼭두각시 나무 인형극이 전래됐는데, 그 인형극에는 그들이 살아왔던 이야기가 담겨 있다. 덕분에 피노키오 이야기가 탄생했는지도 모른다. 피노키오 아이템만큼은 '스토리가 먼저, 만드는 건 다음'이라는 공식이 아니라 여러 스토리가 녹아든 꼭두각시 나무 인형이 모티프가 되어 다시 피노키오 스토리가 창작되고 또다시 다른 형태의 스토리와 아이템으로 확장된 것이다. 바르톨루치 상점이 피노키오 이야기 속 제페토 아저씨의 공방을 상상하게 해줌으로써 고객에게 판타지를 주기에는 충분하나, 그 안에서 고객이 경험하는 상품들은 이탈리아 나무공예라는 또 다른 콘텐츠의 아이템인 것이다.

당신도 피노키오 아이템을 만들 수 있다

이렇듯 피노키오는 모티프의 모티프를 낳는 좋은 소재다. 따라서 피노키오 아이템에는 브랜드와 같은 특징이 있다. 이름만 들어도 누구나 안다는 것이다. 하지만 브랜드와의 차이점은 특정한 기업에서 생산되는 고정된 상품이 없다는 것이다. 그래서 우리는 피노키오라는 소재를 모티프 삼아 또 다른 아이템을 재창조할 수 있다. 모티프만 따올 뿐 우리가 만들 콘텐츠 아이템과 피노키오라는 소재는 전혀 상관없을 수도 있다. 그런 가능성의 여백이 아이템을 더욱 다각화하고, 모티프의 연결고리를 찾는 재미마저 만들어낸다.

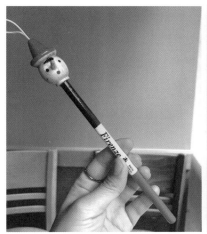

—— 셀러문 창업의 계기가 된 피노키오 볼펜. 피노키오 볼펜을 구할 수 있는 방법은 비행기를 타는 것밖에 없다는 사실을 깨닫자, 필요한 해외상품을 사고팔 수 있는 플랫폼의 필요성을 느꼈다. 나는 피노키오 볼펜을 경험함으로써 셀러문이라는 플랫폼을 만들 수 있었다.

나는 피노키오 볼펜을 구매한 경험으로 사업을 시작했다. 이탈리아 여행 중에 피노키오 볼펜을 구매한 심리는 경험과 체험에 가까웠다. 피렌체 여행의 즐거움과 동화 속 환상이 주는 소재의 재미, 그리고 한국에서 사용할 때 받는 주변의 시선 등. 그런데 이 제품에는 아쉬움이 하나 있었다. 나무공예로 만든 상품이라 심을 다 쓴 후에는 더 이상 볼펜으로 기능하지 못한다는 것이었다. 잉크가 마른 후, 나는 피렌체에 가지 않는 한 다시는 이 볼펜을 쓸 수 없다는 사실에 실망했다. 그 생각에 집중하다 보니 다른 사람들이 해외에서 경험한 상품을 어떻게 구매하는지 살펴보게 되었다. 그리고 직구 시장에는 브랜드만 있을 뿐 아이템이 없다는 것에 착안해 현지 셀러에게 상품을 받아 판매하는 셀러문을 구상했다. 나는 이제 피노키오 볼펜을 100자루라도 자유롭게 쓸 수 있게 되었다. 문제를 발견하고 그걸 해결하는 데 집중하는 것이 아이디어의 시작이고 당신만의 아이템으로 만들어가는 작업이 된다.

콘텐츠가 어디까지 아이템이 될 수 있을까? 피노키오의 나라라는 자부심을 가진 이탈리아는 피노키오라는 콘텐츠의 생산을 멈추지 않을 것이다. 그렇다면 우리는 그 소재를 모티프로 당신만의 아이템을 어떻게 활용할지 찾고, 기억해내고, 고민해보아야 한다. 사업뿐 아니라 당신이 찾고 있는 것이 무엇이든, 만들고 있는 게 무엇이든 모티프만으로도 아이디어를 얻을 수 있다.

스위스 5프랑의 모티프, 에델바이스

—————— 시그니처와 아이템 ——————

할머니 때부터 전해지는 구수한 이야기처럼 애착이 가는 물건들이 있다. 그 아이템이 사라지지 않고 세월이 지나도 자꾸만 회자되면서 사용되는 이유는 어떤 소속감을 갖게 하기 때문이다. 할머니가 사용하던 물건이 엄마에게로, 또 나에게로 이어지며 가족이라는 테두리 안에서 안정감을 준다. 어떤 물건은 한 개인을 위한 것이 아닌 '우리'라는 공감대를 형성하면서 소속감을 주는데 이런 물건일수록 반복해서 재생산되는 힘이 있다.

시그니처라는 단어를 사용한다는 것은?

우리는 종종 '시그니처'라는 단어를 사용한다. 가장 흔한 사례는 특정 카테고리에서 대표성을 가지는 아이템에 붙이는 경우로 시그니처 타워, 시그니처 와인, 시그니처 빵 등이 그런 예다. 그 외에도 식당 메뉴판에서 시그니처 메뉴라고 쓰인 것을 보기도 한다. 이런 아이템에는 몇 가지 공통점이 있다. 특정 시대나 계절을 특징적으로 표현하거나, 많은 사람이 두루 사용해왔거나, 기업이나 상품 제공자가 꾸준히 생산해온 방식을 메시지로 담아 '상품'으로 전하고 있다는 점이다. 한마디로 사용자의 공감대를 이끌어내 소속감을 갖게 할 목적이 있을 때 시그니처라는 단어를 사용한다. 이것은 기업이 가고자 하는 방향을 알려주고 대중과 공유하기 위해 아이템으로 상징화하는 작업이다.

이 단어는 의도하든 의도하지 않았든 문학과 미술에서 한 사조로 나타난 심벌리즘Symbolism을 적절히 상업화한 것이다. 내가 아이템 이야기에 앞서 시그니처를 이야기하는 이유는 우리가 인식하는 관습적 상징을 시장이 어떻게 활용하고 있는지 파악하고 싶기 때문이다.

한 예로 트렌치코트를 살펴보자. 견장과 래글런 소매, 더블 버튼이 특징인 트렌치코트는 원래 영국 병사들이 추운 겨울 군복 안에 착용하기 위해 만들었다. 트렌치Trench라는 단어는 전쟁에서 적의 공격을 피하기 위해 만든 참호를 뜻한다. 이처럼 국가에서 제공하던 군복을 버버리Burberry

가 시즌 의류로 만들어 대중화하면서 영국 신사의 상징성을 갖게 했다. 그 후 시간이 흐르면서 패션업계는 트렌치코트에 가벼운 소재와 단순한 디자인, 다양한 색상을 접목하기 시작했고, 가을의 시그니처 아이템으로 만들었다. 국가에서 기업으로, 기업에서 개인으로 물건의 특징과 목적이 달라지면서 결국 그 아이템의 상징성도 달라진 것이다.

시그니처라는 단어에는 사회성이 있다. 누구든 아이템이 가진 사회적인 고리를 찾아낸다면 시그니처 아이템을 창조할 수 있다.

그 나라의 시그니처

유럽을 여행하던 중 스위스에 도착하면 여행자 모두가 같은 인상을 받는다. 독일을 거쳐 오든, 이탈리아를 거쳐 오든, 프랑스를 거쳐 이곳에 도착하든 커다란 나라에서 작은 도시로 이동한 것 같다. 주변에 비해 작고 차분하며 정돈된 도시 같은 나라 스위스에는 곳곳에 차가운 바람이 분다. 하지만 일단 스위스로 들어오면 작은 국토라 생각할 수 없을 만큼 거대한 알프스산맥과 넓은 초원을 맞이하게 된다. 이 풍경을 마주하는 순간, 스위스의 맑은 경계를 넘어 문턱 안으로 들어온 느낌이 든다. 이처럼 천혜의 자연 속에서 유럽 한가운데의 작은 도시 국가로 살아남은 스위스에는 시계, 알프스, 에델바이스 같은 상징적인 키워드가 많다.

내가 주목한 스위스의 시그니처는 에델바이스다. 스위스 곳곳에는 에델바이스와 관련된 상점들이 즐비했다.

유럽에서 물가가 가장 비싼 이곳에서는 유로 대신 스위스 프랑을 사용한다. 나는 한 상점에서 음료수를 사면서 10프랑 지폐를 내고 거스름돈으로 동전 몇 개를 받았는데 그중 하나가 지금까지 내가 본 동전 중 가장 큰 5프랑 동전이었다. 앞면은 수염이 덥수룩하고 곱슬머리를 한 남성이 새겨져 있고, 뒷면에는 스위스 국기 문양과 그 위로 '5FR'이라는 글자가 새겨져 있다. 그 주변으로는 줄기처럼 보이는 꽃 문양이 동전의 둥근면을 따라 새겨져 있는데 여느 꽃보다는 조금 투박한 느낌을 준다.

어느 나라든 화폐에는 그 나라의 대표적인 상징을 표현한다. 그래서 5프랑 동전에 스위스의 국화인 에델바이스가 새겨져 있는 것이다.

에델바이스는 추운 지방에서만 자라는 고산식물로 알프스와 같은 설산에서만 피어난다. 잎은 척박한 환경에서도 잘 자라도록 뾰족하고 단단한 모양으로 솟아나 있다. 줄기 끝에서는 별 모양의 하얀 꽃을 피우는데 이 꽃은 하얀 꽃잎과 노란색의 수술로 이뤄져 있다. 에델바이스는 설산에서 자란다는 특징 때문인지 순결과 고백을 의미한다. 스위스에

—— 스위스 5프랑 동전의 뒷면에 피어난 에델바이스

서는 아주 옛날부터 남자가 여자에게 청혼할 때 에델바이스를 꺾어서 자신의 순수한 사랑을 고백하는 관습이 있었다. 험한 산기슭에 피어난 에델바이스를 꺾는 일은 마치 하늘에서 별을 따는 것과 같은 모험심과 대담함이 필요하기 때문이다. 상대를 위해 죽을 결심까지 되어 있음을 보여주는 의미로 이 꽃을 건네는 것이다.

이러한 에델바이스는 1914년 이후 또 다른 시그니처로 사용되었다. 스위스 군대에서 육군 참모의 배지에 별 모양을 한 에델바이스 문양을 사용한 것이다. 알프스의 높은 절벽에서 바위를 뚫고 자라난 꽃인 만큼 강인함을 나타내며 스위스 군대의 상징으로 자리 잡기에 적합했기 때문이다.

아이템의 모티프가 되는 시그니처의 사용

오랜 시간이 흐르면서 에델바이스는 스위스 사람들에게 여러 상징으로 해석되며 다양한 아이템에 사용되었다. 에델바이스가 스위스인을 하나로 연결하는 모티프라는 건 스위스의 여느 기념품 숍만 가봐도 쉽게 알 수 있다.

수공예로 만든 액세서리에 사용한 에델바이스 문양은 아름다움과 신비로움을 표현한다. 나는 스위스 인터라켄에 있는 기념품 숍에서 수공예

—— 스위스에서 산 에델바이스 시계

시계를 하나 샀는데 하늘색 바탕에 에델바이스가 그려진 모양이었다. 한국에서 이 시계를 차고 다니면 굳이 말하지 않아도 어디에서 샀는지 사람들이 바로 알 만큼 스위스의 특색이 강했다.

또한 스위스 스와로브스키에는 스위스에서만 볼 수 있는 보석 디자인이 있다. 바로 에델바이스 컬렉션이다. 보석에 에델바이스 문양을 사용함으로써 순수함과 신비로움을 더해 가치를 더욱 높인 것이다.

에델바이스를 확장된 의미로 사용한 브랜드도 있다. 패션 브랜드 슈토크베르크Stockberg다. 이 회사는 스위스의 전통을 40퍼센트 담고, 감각적인 패션을 60퍼센트 담아 균형 있는 100퍼센트의 패션을 만들어내겠다는 기업 이념으로 설립되었다.

슈토크베르크의 시그니처 셔츠는 스위스에서 디자인하고 생산되는 에델바이스 원단으로 만들었는데, 스위스의 전통 씨름인 슈빙겐에서 경기복으로 입기도 했다. 슈토크베르크는 스위스 전통의 강인함을 표현하는 데 에델바이스를 시그니처로 활용한 사례다.

또한 에델바이스는 야생화로서 맑은 공기를 상징하는 아이템으로도 사용되었다. 스위스 유기농 화장품회사 바이오코스마^{Biokosma}는 에델바이스의 맑은 이미지를 화장품에 담는 데 노력한 끝에 에델바이스의 성분이 담긴 향수와 스킨케어 제품 등을 만들었다.

그 외에도 스위스에서 두 번째로 큰 항공사의 이름은 에델바이스 에어이며, 스위스와 인접한 오스트리아에서는 에델바이스 맥주를 만들어 알프스의 청정한 물과 순수성을 나타내기도 했다. 이처럼 스위스는 에델바이스를 다양한 모티프로 사용해 아이템의 시그니처를 확장했다.

한 사회에 뚜렷한 상징이 있다는 것은 새로운 경쟁력이 있는 셈이다. 분명한 상징성이 안으로는 연결고리를 만들어 구성원의 공감을 이끌어내고, 밖으로는 그 사회의 정체성을 쉽게 드러낸다. 이것은 무한히 반복될 아이템을 생산해내는 데 핵심 요소일 수밖에 없다.

누가 보아도 공감할 만한 아이템, 직관적으로 쉽게 이해할 수 있는 디자인과 상징적 의미를 전달하는 아이템, 제작자의 의도를 정확하게 전달하는 아이템. 우리는 이런 아이템을 만들어낼 때 그 물건이 상징하는 시그니처를 적절히 활용할 수 있다.

**6
장**

사람들은 체험할 수 있는 물건을 구매한다

오랜만에 찾아온 휴일이면 '오늘은 어디에서 즐겨볼까?' 하는 생각을 한다. 그러다 차를 끌고 교외까지 카페를 찾아가 커피를 마시고 케이크 한 조각을 먹고 돌아온다. 그저 커피를 마시고 케이크를 먹기 위해 그곳까지 달려간 것은 아니다. 도심에서 벗어나 시원한 공기도 느끼고 카페에서 흐르는 강을 마주하고 노을을 바라보기도 한다. 즉 우리는 공간적 체험을 위해 새로운 곳을 찾는다.

휴일을 보내는 또 다른 방법은 무엇이 있을까? 영화관에 가서 영화를 보거나, VR 체험관을 찾아가 낭떠러지에 서보기도 하고, 공포스럽고 괴기한 방에 갇혀 비밀을 풀면서 방 탈출 게임을 즐기기도 한다. 우리에게는 늘 새로운 자극이 필요하다.

이러한 소비를 즐기는 사람들을 위해 엔터테인먼트, 여행, 레저 산업 등에서는 새로운 콘텐츠로 자극을 만들려 노력하고 있다. 그렇다면 우리가 체험을 즐기고 싶어 구매를 결정하는 아이템은 어떤 것들이 있으며, 어떻게 아이템에 경험을 적용할 수 있을까?

체험에만 집중하는 산업과 달리 소비를 자극하는 아이템에는 여러 만족이 필요하다. 앞선 산업은 체험하게 하는 콘텐츠만으로 경제적인 이익을 얻지만 소비를 자극하는 상품은 가상으로 상상적 경험을 주는 것과 동시에 그것을 소유하고 싶게 만들어야 한다는 추가적인 조건이 붙는다.

사람들에게 단순한 소비가 아닌 기분 전환이 되는 짜릿한 즐거움을 주는 소비라는 영역을 명확하게 정의한 뒤 구매 욕구를 일으키는 자극을 아이템의 이미지로 만들어야 한다(자극과 경험을 내세우는 브랜드도 많아지는 추세인 걸 보면 이런 체험적 소비의 영역은 훨씬 커지고 있는 듯하다).

아이템을 발견하고 상품을 만들어내는 입장에서는 자극이라는 신선함을 유지하면서 단 한 번의 소비가 아닌 지속 가능한 소비패턴(소비문화)을 만들어 두 마리 토끼를 잡아야 한다는 것을 명심해야 한다. 그러기 위해 누군가는 체험과 소비의 영역을 뒤섞기도 하고, 누군가는 순수한 유아기적 자극으로 '놀이'의 재미를 주기도 하고, 누군가는 공간적인 가치를 아이템의 가치로 가져오기도 한다.

이번 장에서는 가상의 세계 또는 공간적 체험으로 확장하는 아이템에 무엇이 있는지 살펴보자.

Osaka, Japan

호그와트 마법 아이템과 올빼미 카페

―――――― 환상을 체험으로 확장하는 아이템 ――――――

유니버설 스튜디오는 영화 세트를 관람하는 목적으로 할리우드에서 처음 만들어졌다. 그 후 놀이기구를 설치하고 영화 콘텐츠를 체험하는 테마파크로 발전하자 수많은 사람이 몰려들었다. 그리고 약 40년 후, 미국이 아닌 곳에 최초로 유니버설 스튜디오가 문을 열었다. 오사카에 있는 유니버설 스튜디오 재팬이다. 이곳이 일본을 방문하는 관광객들의 필수 관람 코스가 되자 저마다 이곳을 즐기는 다양한 방법이 생겨났는데 하루 만에 둘러보기 어려울 만큼 넓은 곳을 최대한 많이 체험하기 위해 익스프레스 티켓을 구매하기도 한다. 특히 이곳을 가본 사람이라면 모두가 공감하는 한 가지가 있다. 다른 곳을 못 가더라도 해리포터 섹션은 꼭 방문해야 한다는 것이다. 여러 번 이곳을 방문한 사람들은 호그와트부터 찾아 체험한 뒤 다른 테마파크를 구경하다가 시간이 남으면 다시 이곳으로 돌아와 자투리 시간을 보낸다는 나름의 노하우가 생긴다고 한다. 그만큼 해리포터의 인기는 모두에게 대단하다.

해리포터 그대로! 호그와트에서 만난 마법 아이템

호그와트로 들어가는 입구에는 맥주 마차가 있다. 그곳을 들르는 게 마치 자연스러운 코스인 듯 사람들은 줄을 서서 버터맥주를 한 잔씩 들이켜고 마법 학교로 들어선다. 버터맥주를 마시는 방법은 두 가지다. 하나는 평범한 플라스틱 일회용 잔에 담아 마시는 것이고, 두 번째는 해리포터 영화에 나온 모형 맥주잔에 마시는 것이다. 당연히 방법에 따라 비용도 달랐다. 대부분의 사람은 전용 맥주잔을 구매하기 위해 줄을 서 있었다. 줄을 따로 서서 컵을 사야 한다는 걸 모른다면 모를까 버터맥주를 마시면서 해리포터 잔에 마시지 않는 사람은 없었다. 줄이 가까워질수록 나는 버터맥주보다 해리포터 맥주잔이 더욱 기대되었다. 그런데 마지막

미션이 떨어졌다. 잔의 종류가 두 개였던 것이다.

첫 번째 잔은 해리포터 폰트로 'BUTTER BEER'라고 쓰인 플라스틱 잔이었고, 다른 하나는 해리포터와 론, 헤르미온느가 함께 식사할 때 물을 담아 마시던 은색 잔이었다. 플라스틱 잔은 1100엔(한화 약 1만 원)이었고, 은색 잔은 3980엔(한화 약 4만 원)이었다. 오래 고민하는 바람에 뒤에서 기다리던 사람들에게 원성을 사고는 얼떨결에 플라스틱 잔을 구매해 버터맥주를 마셨다. 다시 그때로 돌아가 고민할 시간이 더 주어진다고 해도 3980엔짜리 은색 잔을 구매했을 것 같진 않다. 플라스틱 잔이 영화에서 쌍둥이와 헤르미온느, 론이 사용한 잔과 더 비슷했고, 스튜디오 입장권이 6만 원인 걸 감안하면 4만 원이 넘는 금액이 조금 과하게 느껴졌기 때문이다. 체험의 즐거움과 가격 사이에는 적당한 균형이 있다고 생각한 지점이었다.

달콤한 버터맥주를 쭉 들이켜자(버터맥주에는 알코올이 없다) 맥주잔이 조금 귀찮아졌다. 버터 때문에 손이 끈적해졌고, 놀이기구를 타면서 들고 다니기에도 적잖이 번거로웠다. 하지만 그런 생각도 잠시, 집으로 돌아가 이 잔에 진짜 맥주를 담아 마시며 감자 칩을 먹고 영화를 볼 상상을 하자 끈적끈적한 맥주잔을 더 꽉 잡으며 꼭 집에 들고 가겠다는 다짐을 하게 된다. 이 잔을 쉽게 사기도 어려울뿐더러 한국에서 구하려면 최소 세 배 이상의 가격을 지불해야 할 것이다. 해외에서 발견한 아이템을 구할 때는 적어도 그 정도 차이가 난다는 것은 경험적으로 알고 있었다.

—— 호그와트에서 판매하는 버터맥주. 알코올은 없다.

호그와트의 맥주 마차를 지나자 또 다른 체험이 기다리고 있었다. 해리가 호그와트 마법 학교로 가기 전 입학 준비물을 사려고 찾았던 상점이 재현되어 있었는데 그곳에서 아이들이 마법 지팡이를 휘두르고 있었다. 체험을 도와주는 스태프가 건네는 호그와트 지도에는 마법의 주문이 적혀 있었다. 아이들이 주문을 외우고 지팡이를 휘두르자 쇼윈도의 물건들이 움직였다. 마치 해리가 처음 마법 마을에서 겪은 놀라움을 똑같이 느끼는 듯 아이들은 감탄하며 웃었고, 많은 사람이 몰려들었다. 이 체험은 지팡이 구매자에게만 주어지는 혜택이었다. 지팡이를 사지 않으면 마

—— 호그와트의 다양한 마법 지팡이를 판매하고 있다.

법 체험을 할 수가 없다. 주변에서 구경하던 사람들은 자연스럽게 지팡
이를 사들고 길게 줄을 섰다.

　해리포터는 아이와 어른 모두에게 동심의 세계를 선물한다. 영화 〈해
리포터〉는 1997년부터 10년에 걸쳐 출간된 총 일곱 편의 도서 시리즈를
워너브라더스가 여덟 편의 영화로 제작한 것으로, 개봉 후 시리즈 팬들
의 마음을 사로잡았다. 책이든 영화든 해리포터를 접한 사람이라면 아이
부터 어른까지 '마법'이라는 매력에 푹 빠져 영화 속 장면이 그대로 재현
된 공간에서 마음껏 해리포터를 즐길 준비가 되어 있을 것이다. 그런 의
미에서 지팡이는 버터맥주 잔보다 훨씬 가치 있는 듯했다. 이곳의 줄이

버터맥주 잔을 사려는 줄보다 훨씬 길었기 때문이다. 실용성만 따지자면 맥주잔이 더 유용할 텐데 왜 소품으로 간직하는 지팡이가 훨씬 인기가 많을까?

지팡이는 올리밴더 상점과 마차, 두 곳에서 살 수 있었다. 해리포터의 마법 아이템답게 지팡이의 디자인은 다양하고 디테일했다. 헤르미온느가 들었던 작은 지팡이부터 덤블도어 교수가 들었던 커다랗고 신비로운 지팡이까지 영화에 등장한 거의 모든 종류를 갖추고 있었다. 가격은 어느 디자인이든 4900엔(한화 약 5만 원)이었다. 올리밴더 상점에 있는 사람들의 표정만 봐도 그들이 지팡이를 사는 이유는 단순하지만은 않은 듯했다. 사람들은 스태프와 몇 가지 질문을 나누며 자기에게 꼭 맞는 지팡이를 사기 위해 긴 줄을 서는 것도 마다하지 않았다.

해리포터에서 지팡이를 판매하는 게리 올리밴더 아저씨는 지팡이를 팔기 전 해리에게 몇 가지 질문을 한다. 이곳에서도 그 모습을 본떠 손님들이 자기만의 지팡이를 찾도록 도와주는 것이다. 생일과 성격을 묻기도 하고 재료의 특성에 따른 지팡이의 성질을 알려주기도 한다. 예민한 성격이라면 아카시아나무 지팡이를, 우아한 마법을 부리고 싶다면 느릅나무 지팡이를 선택해야 한다는 식이다. 지팡이의 속성을 이미 이해하고 있거나 특정 캐릭터의 지팡이를 사고 싶다면 말하고 바로 살 수도 있다.

이들이 구매하는 지팡이는 단순한 장난감이나 소품이 아니라는 점에서 버터맥주 잔과는 조금 달랐다. 마법의 환상이 그대로 재현된 특별한

—— 환상을 재현하는 올리밴더 상점

아이템이다. 구매자는 자기만의 지팡이를 신중하게 선택했고, 이곳에서
아이템을 직접 체험해본다는 것에 더 많은 의미를 부여했다. 정확히 말
하면 내가 추억하는 콘텐츠가 경험으로 이어진다는 확장을 스스로 이해
하는 것 같았다. 이렇게 어떤 아이템은 소비의 문화로 만들어질 수도 있
는 것이다.

해리포터 그대로? 저작권과는 상관없는 올빼미 카페

오사카 도톤보리에는 〈해리포터〉 영화 속으로 들어온 듯한 분위기지만, 직접적인 호그와트의 흔적은 전혀 찾아볼 수 없는 곳이 있다. 바로 올빼미 카페다. 이곳은 분명 유니버설 스튜디오 때문에 생긴 곳이다. 그곳에서 체험을 즐기던 사람들은 이곳을 함께 찾는다. 하지만 여기에는 해리포터의 영화 포스터도, 해리포터의 마법 아이템도, 해리포터와 관련된 어느 것도 발견할 수 없다. 지금은 코로나 사태로 임시 휴업 상태지만, 화려한 네온사인과 이색적인 간판 등 독특한 상점이 많은 도톤보리에서 올빼미 카페는 여행자들의 핫스팟 중 하나였다.

이곳은 카페 곳곳에 날지 않는 올빼미들이 살고 있다. 커피와 맥주 둘 중 하나를 선택한 후 음료값을 지불하면 입장이 가능하다. 음료를 주문하면 한 시간 30분 동안 올빼미를 볼 수 있고, 이후에는 추가 요금을 내야 한다. 반려동물이라고 상상해본 적이 없는 올빼미를 바라보는 재미는 분명 있었다. 다양한 종류의 올빼미가 꾸벅꾸벅 졸거나 익숙한 듯 사람들과 사진을 찍었다.

이곳을 찾는 사람들에게 올빼미를 보면서 음료를 소비한다는 것은 어떤 의미일까?

올빼미는 분명 해리포터의 마법 테마 중 하나다. 해리포터의 세계에서는 비둘기 대신 올빼미가 소식을 전한다. 이모 집에서 구박과 천대를

—— 카페에서 만날 수 있는 올빼미들

받던 해리에게 처음으로 입학 소식을 전한 것도 올빼미들이다. 이모부가
입학 통지서를 숨기면 올빼미들은 집을 둘러싸고 계속해서 편지를 보내
곤 했다. 해리는 마법 학교에 입학하면서 헤드위그라는 자신의 흰올빼미
를 갖게 되었다.

　이곳은 해리포터의 마법 세계에 푹 빠진 이들에게 올빼미라는 테마
를 체험하게 해줄 목적으로 탄생했다. 이곳에는 영화에 나온 올빼미 중
에 전 세계에서 서식하고 있어 가장 친근하다는 외양간올빼미도 있다.
이름은 밀키였다. 이 올빼미는 영화에도 자주 등장해 오사카 유니버설
스튜디오에 있던 호그와트의 기념품 숍에서 인형으로도 판매되고 있었
다. 얼굴에 난 흰색 털이 부드러워 보이고 하트 모양의 갈색 털이 선으로
이어져 있어 자꾸만 쓰다듬어주고 싶을 만큼 친근한 모습이다.

　소비에는 저마다 다른 목적과 즐거움이 있지만 밀키라는 이름을 가

진 외양간올빼미를 보았을 때 이 카페의 소비 목적을 정확히 알아챌 수 있었다.

어떤 사람은 해리포터의 영화와 책에 빠져 이야기를 간직하고 싶은 마음으로 인형을 산다. 또 어떤 사람은 해리포터의 확장된 형태를 체험하고 싶어 실제 올빼미를 보고 싶다는 욕구로 이곳을 찾고, 해리포터 영화의 한 장면을

—— 해리포터 올빼미 인형을 만들어 판매하기 위해서는 라이선스가 필요하다.

떠올리며 손 위로 올빼미를 올려놓기도 한다. 이런 소비의 차이는 연령이나 성향에 따라 다르게 나타난다. 다만 아이템을 만드는 입장에선 올빼미 인형을 만들지, 올빼미 카페를 만들어 체험하게 할지는 다른 문제가 된다.

내게는 두 아이템의 차이가 즐거운 발견이었다. 콘텐츠를 직접 체험할 수 있는 아이템을 만들기 위해 해리포터의 마법 아이템을 상품으로 만드는 쪽을 선택했다면 반드시 라이선스와 같은 상품 저작권도 함께 소유해야 한다. 하지만 흥미롭게도 이곳 올빼미 카페는 분명 해리포터를 체험하고 싶은 사람이 타깃이 되는데도 저작권은 신경 쓰지 않고 운영할 수 있다. 해리포터 테마를 새로운 형태로 재창조한 것이다.

어느 날은 호그와트의 기숙사 교복을 입은 손님들이 여행의 마지막 코스로 올빼미 카페를 찾기도 하고, 50분 거리에서 전철을 타고 이곳으로 와 올빼미와 한참 동안 교감을 나누며 마법사가 되는 기분을 느끼는 사람들도 있다. 그들은 이곳에서 친해진 올빼미를 닮은 액세서리 아이템을 기념으로 구매한다. 이곳은 분명 해리포터 콘텐츠라는 출발점은 같지만 결국 다른 형태로 확장되고 있는 새로운 아이템이었다.

츄파춥스와 가우디가 만날 때

—————— 아이템에 환상을 더하기 ——————

환상을 체험으로 만들어내는 아이템이 있는가 하면 아이템이 스스로 환상이 되기도 한다. 무슨 뜻일까? 영화나 책과 같은 콘텐츠를 재현한 아이템이 아니라 스스로 환상을 만들어내는 물건이 여기에 속한다. 이런 아이템에는 사람들이 경험하는 동안 저마다 다른 기억을 반영해 스스로 확장할 수 있는 힘이 있다. 츄파춥스의 아이디어와 가우디의 천재성이 바로 이런 상상을 만들어내기 충분한 새로운 아이템이다.

아이디어를 아이템으로 만드는 그들만의 접근법

츄파춥스는 스페인어로 '빨다'라는 뜻인 '추파르chupar'에서 이름을 따온 사탕 회사다. 이 회사는 스페인 사람인 엔리크 베르나트가 1958년에 창업한 뒤 세계적인 기업으로 성장해 60년 동안 한결같이 사탕을 만들어 왔다. 이 사탕은 모두가 흠뻑 빠질 만한 놀라운 맛은 아니다. 여느 사탕과 맛은 비슷하지만 베르나트의 아이디어로 특별해지면서 지금의 츄파춥스가 되었다.

창업 전에 그는 사과잼 공장인 그랑하 아스투라스에서 일하고 있었다. 어느 날 아이들이 사탕을 먹을 때 손이 끈적끈적해지는 걸 보고, 먹기 편하도록 막대 손잡이를 붙이면 어떨까 생각했다. 하지만 주변 사람들은 막대사탕이라는 그의 아이템을 탐탁하게 여기지 않았다. 심지어 베르나트가 막대사탕을 만들기 위해 사과잼 공장을 인수하자 기존 투자자들마저 떠나버렸다. 투자자들은 아이템의 본질을 가격과 품질의 균형이라는 점에서만 보고 아이들이 살 만한 저렴한 가격과 맛있는 사탕만으로 충분하다고 판단한 것이다. 하지만 그런 사탕은 이미 차고 넘쳤다. 막대기를 사탕에 붙인다고 해서 잘 팔리는 아이템이 될 거라고는 누구도 상상하지 못했다.

사업을 시작하며 투자자들에게 외면받는 상황은 비일비재하다. 나 또한 셀러문을 운영하면서 매번 투자자들에게 내 아이템이 사업성이 있다는 것을 설득하는 일이 쉽지 않았다. 앞서 보았던 핀란드의 손잡이가 달린 종이컵을 투자자에게 제안한다고 가정해보자. 핀란드 알토대학교의 디자인팩토리에서 이를 발명하면서 컵이 감당할 수 있는 무게를 측정하고, 디자인과 용이성의 균형 등을 고려해 상품을 만들어낸 스토리와 제조 공정에 따라 산출한 적정 가격을 가지고 투자자를 찾아간다. 당신은 어떤 답변을 듣게 될까?

내가 만난 대부분의 투자자를 떠올려보면 가장 먼저 돌아올 말은 분명 이렇다.

"그거? 원래 있던 거잖아!"

투자자는 창업자가 제안하는 아이템에서 기존 사업과의 유사성을 가장 먼저 찾아내기 때문이다. 그래서 투자자를 만날 때는 '원래 있던 것'으로 치부하는 피드백을 들어도 상처받지 않아야 한다. 창업자에게 아이템 아이디어를 들은 투자자는 기존의 상품과 차별점이 뭔지 질문할 것이다. 그러면 창업자는 또 열변을 토하며 답변한다. 하지만 여기에서 끝이 아니다. 투자자는 다시 이 아이템이 왜 꼭 필요한지 물을 것이고, 그것이 시장에서 얼마나 먹힐지 확답을 내놓으라 할 것이다. 이처럼 투자자는 수학의 알파벳인 '숫자'로 답변받길 원한다.

잘 팔리는 아이템은 분명 기존의 아이템과 차별화된 것을 만드는 데서 시작되고 그 차별점은 문제 인식에서 비롯된다. 베르나트는 문제점을 발견하고 해결책까지 제시했지만, 막대사탕이라는 아이템은 누구나 손

쉽게 따라 할 수 있고 경쟁이 심해지면 다른 상품 사이에서 선택받기 어렵다는 문제가 있었다. 결국 아이템의 성공 여부에 대한 답은 시장에서 찾아야 한다. 기존의 시장(사탕을 소비하는 시장)에서 원래 제품을 조금 변형한 아이디어 하나로 고객에게 선택받아 자리를 확보한다는 것은 모험이고, 기존 시장을 무너트려야만 수익을 얻게 된다. 그런 면에서 베르나트 또한 자신의 막대사탕 아이템이 언제, 어떻게, 어떤 시장을 무너트리며 성장할지 정확히 예측하지 못했다.

결국 베르나트는 자신의 아이템을 숫자로 아이템을 예측하는 투자자처럼 판단할 수 없었다. 투자자에게 거절당한 그는 결국 투자자 없이 아이가 잡을 만한 작은 나무막대(이후 플라스틱으로 교체했다)를 사탕에 붙여서 팔기 시작했다. 베르나트는 츄파춥스가 기존의 아이템과 구분되는 차별점을 막대 하나에만 두지 않았다.

그는 아이템에 환상을 입히는 작업도 함께했다.

첫 번째로 사탕을 먹을 때 츄파춥스의 이미지를 떠오르게 하는 로고 작업이었다. 베르나트는 아이들이 막대사탕을 손에 들고 자유롭게 즐기는 즐거운 이미지를 상상했고, 그것을 그대로 표현하고 싶었다. 이를 구현하기 위해 스페인의 유명한 초현실주의 화가인 살바도르 달리를 찾아갔다. 달리는 조각과 미술에서 인정받는 작가였지만, 패션 디자이너 코코 샤넬과도 친분을 유지할 만큼 산업디자인에도 관심이 많았다. 그가 독일 도자기 회사의 디자인을 맡았다는 소식을 들은 베르나트는 츄파춥스의 로고를 부탁한 것이다. 달리는 그의 의도대로 톡톡 튀는 느낌을 살려 지금의 로고를 만들었다. 'Chupa Chups'라는 역동적인 텍스트 로고에 주변에는 여러 줄의 물결무늬를 그려 꽃처럼 표현했다. 재미난 상상이 요동치는 아이들의 머릿속을 로고가 대신 표현해낸 것이다. 베르나트는 이 로고를 사탕의 포장지로 사

—— 살바도르 달리가 만든 츄파춥스 로고

용해 상품의 이미지를 확실하게 굳혔다. 상점에서 보여지는 이미지도 중요하다고 여긴 베르나트는 포장지로 감싼 사탕을 아이가 손을 뻗으면 닿을 만한 높이의 계산대 옆자리에 놓아두었다. 이후 츄파춥스는 스페인에서만 30만 개의 매장에서 판매될 만큼 성장했다.

두 번째로 아이템에 환상을 더하는 작업은 새로운 마케팅 방법에서 사용되었다. 츄파춥스가 1970년대 해외에서도 판매되기 시작하자 아이들만의 시장이었던 사탕을 어른의 시장까지 확장하기 위해 '금연'에 새로운 상상력을 더했다.

'Stop Smoking, Start Sucking'(담배를 끊고, 사탕을 빨아요)이라는 슬로건으로 금연할 때 사탕을 먹도록 담배 케이스를 따라 디자인된 패키지에 츄파춥스를 넣어 판매했다. 그러자 '금연에는 사탕'이라는 대중의 인식이 생겨났다.

현재 150여 개국에서 판매되는 츄파춥스는 아주 단순한 발상의 전환에서 시작해 이제는 사탕의 대표주자가 되었다. 60년이 지나도록 아이부터 어른까지 츄파춥스를 물고 상상력을 꽃피우도록 자기만의 소비 목적을 만들어 스스로 확장해나갔다. 츄파춥스는 마케팅 전략으로 제품의 환상을 시장에 던져 소비자에게 환영받은 대표적인 사례다.

수익을 만들어내는 데 한 스푼 더한 달콤한 환상

2003년, 츄파춥스를 일궈오던 베르나트 가문은 아주 독특한 선택을 한다. 대출을 크게 받아 가우디의 건물을 사들인 것이다. 그리고 2006년, 츄파춥스를 이탈리아의 제과회사 페르페티 반 멜레에 매각한다.

그들은 가우디의 까사 바뜨요Casa Batlló를 엄청난 금액으로 인수하면서 수익을 낼 거라 자신했다. 이 건물은 바르셀로나에서 유명한 거리인 파세이그 데 그라시아에 위치해 있다. 이전에는 바르셀로나와 그라시아 마을을 연결하는 길이었던 이곳은 벽이 무너지고 난 뒤 고급 상점이 늘어나면서 부유한 사업가들에게 관심을 받기 시작했다. 그 와중에 1877년 섬유 제조업체를 운영하던 주제프 바뜨요가 가장 상징적인 장소에 가우디에게 건축을 의뢰해 탄생한 것이 까사 바뜨요다.

그런 이곳이 100년이 지나 베르나트 가문에 판매되자 엄청난 이슈가

되었다. 바르셀로나에서 세계문화유산 목록에 등재된 모더니즘 건물은 총 아홉 개로 그중에 일곱 개는 가우디 건물인데, 개인이 그 건물을 인수하고 관리하는 것은 처음이었기 때문이다. 많은 사람이 우려했고, 베르나트 가문이 츄파츕스로 번 돈을 탕진할 거라고 예측하기도 했다. 하지만 그들은 환상을 아이템에 더해 수익화하는 경험을 누구보다 잘 알았다. 까사 바뜨요는 처음에 1층만 공개되었다가 점차 개방 공간을 넓히기도 하고 독점 상품을 개발하면서 2018년에만 2700만 유로의 매출과

1260만 유로의 순수익을 창출했다. 이는 바르셀로나에서 가장 많은 관광객을 모으는 사그라다 파밀리아 대성당보다 더 높은 수익이다. 단순히 가우디의 예술적 힘에 의존해 그 많은 수익이 난 것은 아닐 것이다. 가우디의 상징적인 대표 건축도 아닐뿐더러 누구나 이 건물로 매년 백만 명 이상의 방문자를 모으며 어마어마한 돈을 벌 수 있다고 볼 수는 없다.

까사 바뜨요는 그 자체만으로 매력적인 모습이었다. 용의 비늘을 닮은 무지갯빛 지붕과 해골의 뼈를 닮은 발코니의 모양, 밤거리에 환하게 빛나는 건물은 더할 나위 없이 그림 같다. 하지만 거기에 츄파춥스의 베르나트 가문이 구입했다는 사실까지 알려지자 '바르셀로나의 사탕'이라는 달콤한 이미지가 더해졌다.

츄파춥스를 만들었던 베르나트 가문은 이 건물에 어떤 환상을 넣었을까?

먼저 그들은 기업인답게 입장료를 아주 촘촘하게 설계했다. 단순 입장료는 25유로지만 1900년대 가구의 모습이 재현된 전용 객실까지 보는 관람권은 33유로, 35유로로 단계를 만들었다. 골드 단계의 35유로 입장료에는 음료까지 포함돼 옥상 테라스에서 바르셀로나 시내 전경을 즐기는 혜택까지 주어진다. 이것은 여타 관광지와는 다른 방식이었다. 단순히 관람이 아니라 체험 공간을 열어주는 대신 고객에게 더 많은 돈을 지불하게 한 것이다.

사실 까사 바뜨요는 텅 빈 건물이다. 이곳은 가우디 특유의 아름다운

채광을 보는 것만으로도 의미가 있지만, 그들은 스마트 오디오가이드를 만들어 공간마다 VR로 가상의 공간을 재현했다. 빛만 가득 채워진 빈 공간에 스마트 가이드를 비추면 19세기의 샹들리에와 가구가 나타난다.

VR 구현이 가능한 스마트 가이드 덕분에 관람객들은 건물의 환상을 내부로 끌고 와 상상력을 마음껏 발휘할 수 있다. 하지만 베르나트 가문은 거기에서 한발 더 나아갔다. 까사 바뜨요가 여행객들의 기억 속에만 남으면 지속적인 수익을 만들어내지 못하기 때문이다. 그래서 그들은 츄파춥스를 만들 때 유아기적 놀이 자극으로 아이템을 성공시킨 경험을 떠올렸다. 그리고 이런 요소를 '아이들'에게 집중했다. 그들은 매직 키즈 코너를 개발해 '가우디의 환상을 그림으로 그리기'라는 프로그램을 제공했다. 또한 체험에 참여한 아이들이 좋은 추억을 갖고 돌아가도록 어린이 전용 상품을 만들었다. 까사 바뜨요의 기념품 숍에는 츄파춥스 사탕과 함께 어린이용 옷과 소품 같은 독점 컬렉션이 판매되고 있다. 또한 로고를 살바도르 달리에게 의뢰했듯이 예술과 생활용품을 컬래버한 제품도 만들어 판매했다. 가우디가 직접 디자인한 알파벳으로 만든 보석, 공예 제품과 이탈리아 팔찌 브랜드 크루치아니와 컬래버한 액세서리, 그 외 생활용품도 함께 진열했다. 그리고 아이와 함께 부모도 까사 바뜨요를 즐기도록 '매직 나이트'라는 공연을 함께 제공했다. 까사 바뜨요는 이제 바르셀로나 사람들의 놀이터가 되었다. 이곳의 어마어마한 수익은 그렇게 만들어진 것이다.

물론 까사 바뜨요는 건물 자체만으로 아름다운 유산이다. 많은 사람이 가우디 건물의 건축학적 가치를 확인하기 위해 이곳을 찾는다. 하지만 베르나트 가문이 '아이'와 '환상'이라는 테마로 이곳을 새롭게 재탄생시키지 않았다면 지금처럼 많은 사람이 꾸준히 방문하기는 어려웠을 것이다. 국가가 관리해야 할 문화유산을 기업이 또 다른 수익 모델로 탄생시킨 이야기는 사람들의 경험과 기억을 기반으로 아이템을 확장한 대표적인 사례다. 가우디와 츄파춥스의 만남처럼 아이템과 환상이 결합할 때 더 막강한 힘이 생긴다.

에스토니아 비루 맥주

───── 공간적 상징으로 확장된 아이템 ─────

세계맥주라는 단어가 익숙해진 건 얼마나 되었을까? 편의점에서 세계맥주를 묶어 네 캔에 1만 원으로 할인 판매하기 시작한 다음이 아닐까? 이전까지는 흑맥주와 라거 맥주밖에 구분하지 못하던 사람들이 저마다 발효 방식이 다른 다양한 맥주를 마시면서, 그 맛을 구분해내는 세계맥주 마니아들도 생겨났다. 맥주는 제조 방식에 따라 다른 맛을 지닌다. 캔에 담긴 맥주는 현지에서 마시는 것과 완전히 똑같지는 않겠지만, 중국에서 유학한 사람은 칭따오를, 스위스에서 살다 온 사람은 에델바이스를, 싱가포르 여행을 즐기던 사람은 타이거를 찾기 마련이다. 그리고 여기에 아주 특이한 나라의 맥주가 있다. 한국 편의점에도 잠시 모습을 보였다가 지금은 사라진, 비주얼부터 남다른 비루Viru 맥주다.

에스토니아라는 상상의 공간

에스토니아는 전자시민권으로 전 세계를 떠들썩하게 하기도 해 기사나 뉴스에서 한 번쯤 들어본 적이 있는 나라일 것이다. 에스토니아 정부는 세계 최초로 전자시민권을 만들어 에스토니아에서 회사를 설립하면 동시에 시민권을 부여하는 이례적인 시도를 했다. 이러한 배경에는 에스토니아에 본사를 둔 화상통화 서비스인 스카이프Skype라는 회사가 있다. 에스토니아는 IT 기술지원도 활발해 발트삼국 중에서 가장 인터넷망이 잘 설치돼 있다. 하지만 에스토니아라는 이름만큼이나 고풍스러운 이곳은 어디에 위치하는지, 어떤 문화가 있는지 익숙하게 떠오를 만한 나라는 아니다.

에스토니아는 발트삼국으로 구분되지만 유일하게 북유럽으로 편입되었다. 오랫동안 러시아 지배를 받아왔지만, 민족 정서는 핀란드에 가깝고 스웨덴의 지배를 받은 적도 있어, 문화적 요인으로 북유럽으로 바

───── 에스토니아의 수도 탈린의 구시가지. 코투오차 전망대에 올라가면 한눈에 내려다보인다. 중세 옷을 입은
　　　사람들이 풍요로웠던 시절을 재현하며 즐기고 있다.

라보는 시각이 있다. 무엇보다 에스토니아의 수도 탈린의 구시가지는 마치 중세를 다룬 영화의 한 공간을 옮겨놓았다 할 만큼 과거가 그대로 복원되어 있는데 그 모습이 너무 아름다워 시간이 흐르고 있다는 게 믿기지 않을 정도였다.

고풍스러운 성벽 사이로 중세 탑처럼 우뚝 솟아 있는 성당과 최초의 약국이 있다는 운치 있는 옛날 건물, 수도사의 옷과 중세풍의 옷을 입고 다니는 마을 사람들까지 이 공간은 마치 상상 속의 나라를 그대로 재현한 것만 같다.

세계문화유산으로 유네스코에 등재될 만큼 에스토니아 수도 탈린의 구시가지가 이렇게 화려한 이유는 13세기부터 북유럽과 러시아를 잇는 해상무역의 중계지였기 때문이다. 당시 덴마크의 왕인 발데마르 2세는 이곳을 해상도시로 건설하고 무역항으로 발전시켜 풍요로운 시절을 보냈다. 자연 경관도 뛰어나 북유럽에서 러시아로 넘어가기 전 머무르며 휴식하기에도 충분한 곳이었다. 그 후 14세기 독일 기사단에 지배받은 뒤 연이어 스웨덴과 러시아의 지배를 받았다. 그래서 에스토니아에는 여러 문화가 혼재된 중세의 모습이 그대로 남아 있는 것이다. 그 덕에 이곳은 문화적 수용 능력이 높아 외국인을 적극적으로 받아들였고 중세와 현대가 묘하게 혼재하고 있는 이색적인 모습을 갖추게 되었다.

헬싱키와 탈린을 이어준 맥주의 힘

핀란드 헬싱키는 주류 규제가 심하다. 그 탓에 저녁 9시 이후로는 마트나 편의점에서 술을 살 수 없다. 마트에서는 알코올 도수가 2.8~4.7퍼센트 사이로 낮은 술만 판매한다. 그 이상 높은 술을 사려면 '알코Alko'라는 국영 지정 상점을 찾아가거나 펍에서 마셔야 한다. 하지만 술값은 진한 크래프트 맥주 한 잔에 6~7유로(한화 약 9000원)나 될 만큼 비싸서 두 잔 이상 마음 놓고 마시며 흥청망청 취할 수 없다. 어쩌다 집에서 술을 거나하게 마신 뒤 저녁 늦게 한잔 더 할 겸 펍으로 향하면 술 냄새나 휘청거리는 다리를 본 주인에게 가로막혀 입장부터 불가능하다. 거리에서 술에 취한 사람은 더더욱 찾아볼 수 없다. 술을 많이 마시고 거리에서 쉬고 있으면 신고를 당하거나 경찰이 다가와 데려간다. 만취 상태일 때는 알코올 보호소에 보내지거나 집으로 강제 귀가 조치당한다.

이처럼 핀란드에서 술 규제가 심한 이유는 아이러니하게도 핀란드 사람들이 술을 좋아하기 때문이다. 습관적으로 추운 날씨를 술로 견디며 몸을 녹이다 보니 알코올 중독으로 건강이 상하는 사람들이 많아 법으로 규제하게 된 것이다. 핀란드 정부는 주류 판매 시간제를 도입하고 주류세를 올려 술 소비를 줄이려고 시도했다. 하지만 핀란드 사람들은 여전히 술을 사랑한다.

평소 술을 마음껏 마시지 못한 헬싱키 사람들은 주말이면 에스토니아로 맥주 여행을 떠난다. 헬싱키 항구에서 배를 타고 에스토니아 탈린 항구까지는 1시간 50분가량이 걸린다. 이때 배를 타면서부터 맥주 한 병을 아주 천천히 나누어 마신다고 한다. 탈린에 내리는 순간 맥주를 마음껏 마실 수 있다는 즐거운 생각으로 여행을 시작하는 것이다. 탈린에서는 맥주를 아주 싼값에 마실 수 있다. 식당에서 마시더라도 맥주 한 잔에 2.5유로(한화 약 3500원)밖에 하지 않는다. 핀란드에 비해 거의 3분의 1 가격이다. 게다가 에스토니아에는 호수가 많아 깨끗한 물로 술을 빚어 맥주 맛에 더욱 풍미가 있다. 이런 이유로 핀란드 사람들은 에스토니아 맥주를 좋아한다. 친구들과 탈린의 해안가에서 맑은 공기를 즐기며 그동안 마셔보지 못했던 맥주를 마음껏 마시고, 돌아오는 길에는 맥주를 박스째로 사 오기도 한다.

에스토니아보다 해외에서 더 알려진 맥주

에스토니아는 14세기 독일의 지배를 받은 후부터 맥주를 빚기 시작했다. 그래서 오랜 전통을 가진 양조장이 많다.

그중 가장 유명한 맥주 브랜드는 사쿠Saku다. 사쿠는 1820년 독일 출신의 카를 프리드리히 폰 레빈더 백작이 탈린에서 양조장을 건설하면서 시작된 역사가 깊은 맥주 브랜드다. 지금은 맥주와 음료 회사로 성장해 핀란드인들에게까지도 사랑받고 있다. 한국에는 2018년에 수입돼 한라주조에서 유통하기도 했다. 사쿠 맥주의 특징은 에스토니아의 맑은 물과 크리스털 필터링 기술 덕분에 오래가는 신선한 맛과 진한 맥아로 내는 깊은 맛이다. 또 다른 유명 맥주 브랜드로 에스토니아 제2의 도시인 타르투에는 알레코크A. Le Coq라는 양조장이 있다. 이 두 곳에서 에스토니아의 대표 맥주가 생산

— 비루 게이트의 성벽 타워를 형상화한 비루의 맥주병

된다. 이처럼 에스토니아 맥주는 북유럽에서 유명해지고, 여러 나라에 수출되며 맛을 인정받았다.

특이한 사실은 영국 회사인 발틱 맥주 회사Baltic Beer Company가 에스토니아의 유명한 맥주들을 제쳐두고 비루 맥주의 라이선스를 소유하게 된 것이다. 비루 맥주는 원래 에스토니아에서 두 번째로 큰 알레코크 양조장의 맥주였다. 하지만 이곳에서도 크게 관심받는 아이템은 아니었다. 에스토니아인들뿐 아니라 핀란드와 같은 주변 국가에서도 별 반응이 없었다. 하지만 발틱이 소유권을 가져가 유통한 뒤로는 영국뿐 아니라 이탈리아, 스웨덴, 스위스, 미국을 포함해 전 세계에 유통되고 있다. 발틱은 왜 비루 맥주를 선택했을까?

공간적 상징으로 확장된 아이템

'비루'라는 이름은 에스토니아를 구성했던 부족 중 하나인 '비로니안'에서 유래한 말이다. 또한 에스토니아 탈린 구시가지에서 구시장을 연결하는 곳에 있는 비루 게이트와도 연관된 말이다. 성곽의 문을 통과하는 이 길을 에스토니아 사람들은 비루거리Viru Street라고 부른다. 에스토니아의 수도 탈린의 구시가지가 유네스코 세계문화유산에 등재된 건 여전히 남아 있는 고풍스러운 성벽의 역할도 컸다. 이 성벽은 돔과 타워 형태의 망루, 여러 성문으로 이루어져 있는데 여전히 성벽과 성문으로 이어지는 타워는 중세의 모습 그대로 남아 있다.

비루 맥주는 중세 성곽의 일부인 성벽 타워를 형상화해 디자인한 병에 담겨 있다. 이것은 공간적 상징을 가져와 에스토니아의 맥주라는 것을 보여주는 것이다.

발틱은 처음에 비루를 영국에 들여올 때 소매점 유통을 하지 않았다. 눈으로 먼저 마시는 아름다운 맥주라는 마케팅 전략으로 사람들에게 병을 보는 즐거움을 주기 위해 고급 레스토랑과 바에서만 유통시켰다. 레스토랑의 고급스러운 분위기와 어울리는 독특한 외관 덕분에 사람들은 맥주를 마시며 신비로운 먼 나라를 떠올렸다. 그 이유로 비싼 가격에도 비루를 선택하는 것이다. 그들은 제한된 공간에서만 선보이는 고급 전략이 성공하자 본격적으로 맥주를 전 세계로 유통하기 시작했다. 그 후 영국을 시작으로 스위스와 스웨덴, 그리고 미국과 캐나다까지 수출했다. 사람들은 육각형 피라미드 모양의 병을 좋아했다. 고급화 전략은 다른 나라에도 동일하게 적용했는데 사람들은 300밀리리터밖에 되지 않는 맥주를 칵테일 이상의 돈을 주고 마셨다. 한국에서도 2010년 편의점에서 판매된 적이 있지만 지금은 일반 소매 유통은 하지 않고 여전히 레스토랑이나 바에만 입점되고 있다.

발틱이 비루를 선택한 이유는 공간을 상징화하는 아이템이 사람들에게 자극을 주면서 스스로 확장해 팔린다는 성공 방정식을 이해했기 때문이다. 그들은 맥주라는 아이템을 맛으로 승부하려 했던 여타의 회사와는 분명 다른 선택을 했다. 영국에서 지구 반 바퀴나 떨어져 있는 에스토니아는 상상하기에 충분히 아름다운 나라였다. 거기에 맥주병의 독특한 디자인은 에스토니아를 체험하는 듯한 상상력으로 이어진다. 그들은 비주얼로 고객을 자극한다는 목적을 달성한 것이다. 비루는 공간적 상징을 확장한 아이템으로 충분히 맥주 이상의 존재 가치가 있는 아이템이 되었다. 발틱은 비루에서 그것을 발견한 것이다.

**7
장**

아이템에 추억을 더하면?

여행에서 가장 행복했던 기억을 떠올려보자. 그 순간을 간직하기 위해서
무엇을 했을까? 첫 번째로 사진을 찍었을 것이다. 또 그때의 생각을 적어
서 글로 남겼을 수도 있다. SNS와 블로그에 여행 사진과 글이 담긴 피드
를 공유하는 것도 어떤 방식으로든 여행에서의 기억을 남기고 싶은 마음
때문일 것이다. 이처럼 우리는 간직하고 싶은 기억을 기록으로 남긴다.

그다음에는 무엇을 할까? 기록만으로는 조금 부족하다. 행복했던 순
간을 오래도록 즐기고 싶을 때, 사람들은 추억을 대신할 물건을 찾는다.
좋았던 기억을 수집으로 채우는 것이다. 프랑스에서 산 에펠탑 열쇠고
리, 스위스에서 산 알프스 마그넷, 독일에서 산 볼펜 등등. 여행지를 기념
할 만한 기념품을 집 곳곳에 진열해둔다.

기록과 수집을 순서대로 차곡차곡 쌓았지만, 시간이 흐른 뒤 여전히
부족하다는 생각이 든다면? 여행에서 느꼈던 경험을 오감으로 다시 경
험하고 싶다면? 모든 기억에는 자신만의 방식대로 이해한 해석이 숨어
있다. 따라서 여행의 기억은 기념품처럼 누군가가 만든 물건을 수집하는
것만으로는 대신할 수 없다. 어쩌다 그 나라에서 먹었던 음식의 향을 맡
을 때, 그 나라에서 경험한 계절의 바람이 불 때면 감각으로 여행의 순간
을 떠올린다. 기록과 수집만으로 성에 차지 않는 사람들은 기억을 소환
하는 자극을 원하는 것이다. 그리고 자기가 그 나라에서 선택한 물건에

자기만의 해석을 넣어 의미를 부여한다. 이런 사람들은 물건을 산 이유를 분명히 안다. 이로써 물건에 감정이 생기는 것이다.

그래서인지 요즘은 기념품 형태가 많이 달라졌다. 마그넷 같은 작은 모형의 소품들에서 생활용품으로 바뀌고 있다. 이제 사람들은 스위스에서 감자 칼을 사고, 독일에서 아요나 치약을 구매하고, 프랑스에서 본마망 마들렌을 구매한다. 생활용품에 가까우면서도 그 나라의 일상을 체험하고 싶은 욕구가 반영된 품목들이다.

이런 변화를 우리는 기억이라는 관점으로 바라보아야 한다. 다른 나라라는 공간적 요소와 기억이라는 개인의 해석 사이에 '물건'이 존재한다는 사실을 알아야 한다.

Budapest, Hungary

헝가리에서 파프리카는 무엇일까?

—————— 기억하기 위한 아이템 ——————

내가 헝가리로 여행 갔을 때는 초가을이었지만 날씨는 무척 추웠다. 러시아에서 불어오는 바람이 이곳까지 닿아서 혹독한 칼바람에 꽤 떨었던 기억이 있다. 그래서 더욱 이곳에서 먹은 굴라시가 기억에 남는다. 추운 날씨에 먹었던 뜨거운 빨간 수프는 꼭 감자탕 같았다. 헝가리에도 매운 고추가 있을까 싶을 만큼 굴라시는 마치 한국 음식 같았다. 굴라시에는 파프리카가 기본 양념으로 들어간다. 파프리카는 유럽 전역에 퍼지다가 헝가리로 와서야 유명해졌고, 지금까지도 헝가리에서 재배한 파프리카가 유럽에서 가장 유명하다. 헝가리에서는 매운맛이 필요할 때 파프리카를 사용하며 특히 겨울철에는 많은 음식에 활용된다.

파프리카의 바다 건너기 여정

헝가리에서 파프리카는 무엇일까? 파프리카의 역사적 어원에는 재미있는 바다 건너기 여정이 얽혀 있다. 멕시코에서 재배해온 고추과 식물인 파프리카는 16세기에 멕시코를 지배하던 스페인인들이 가지고 와 처음 서유럽에 소개되었다. 파프리카는 향신료처럼 유럽에서 요리의 색과 맛을 더하는 데 사용했다. 스페인을 시작으로 유럽에서 점점 인기를 끌자 점차 동쪽으로 이동해 재배했다. 특히 수프 요리가 많은 중부유럽에서는 끓인 요리에 파프리카를 많이 사용했는데, 헝가리에서는 오스만제국의 지배를 받았던 시기 터키인들에 의해 파프리카가 처음으로 재배되었다. 함부르크 왕국 때는 바구니에 담아 말린 파프리카가 탐스럽게 보여 '붉은 황금'이라 부르기도 했다.

파프리카가 전 세계적으로 헝가리의 상징이 되는 데 유명해진 사건이 있었다. 헝가리 출신의 미국 생화학자 얼베르트 센트죄르지가 파프리카에서 다량 정제된 비타민 C의 구조를 발견하고 노벨화학상까지 받은 것이다. 이처럼 헝가리 사람들은 몇 세기에 이르는 동안 파프리카를 꾸준히 재배하며 음식에 곁들여 먹었다. 특히 매운맛과 국물 요리를 좋아해 겨울에 몸을 데우기 위해 파프리카를 필수로 사용했다. 파프리카는 단맛에서부터 매운맛을 가진 다양한 종류가 있지만, 헝가리에서 가장 유명한 종은 매운맛을 내는 우리나라의 고추와 가까운 품종이다. 헝가리인들은 파프리카를 채소 형태 그대로 요리에 넣어 익혀 먹기도 하지만 전통적으로는 오래 보관하기 위해 부드러운 속을 가루 형태로 만들어 쓴다. 가루 파프리카는 헝가리 민속 문양을 그린 케이스나 주머니에 담아서 보관한다. 헝가리 식당에서는 후추와 소금 곁에 파프리카 가루를 둔걸 흔히 볼 수 있다.

파프리카는 멕시코에서 지구의 서쪽으로 이동한 뒤 헝가리의 붉은 황금이 되면서 중부유럽과 아시아를 거쳐 다시 멕시코로 돌아갔다. 지구를 가로로 횡단하며 긴 여정을 한 아주 독특한 식물인 셈이다.

헝가리 기념품 숍에는 파프리카가 있다?

헝가리에 가면 '파프리카'라는 이름을 가진 상점이 있다. 파프리카 마켓이라고 하면 헝가리에서 재배된 파프리카가 산더미처럼 쌓여 있는 모습을 상상하겠지만, 이곳은 사실 헝가리의 기념품을 모아둔 기념품 숍이다. 작은 선물 가게를 상상하고 파프리카 마켓에 들어서면 눈이 휘둥그레진다. 특히 부다페스트에 있는 파프리카 마켓은 기념품 숍이라기보다는 큰 마트처럼 보였다. 거대한 공간에는 헝가리를 상징하는 상품이 가득했다.

그렇다면 파프리카 마켓에서는 정말 파프리카를 팔까?

정답은 '있다'. 그것도 이름에 걸맞게 다양한 파프리카를 판매한다. 여기저기 파프리카 모양을 본뜬 상자가 보이고, 'paprika'라는 단어도 적혀 있다. 하지만 이것은 선물용으로 가공된 상품일 뿐 진짜 채소는 없다.

파프리카는 여러 형태로 포장되어 있었다. 가장 대표적인 상품은 파프리카 가루로, 맛에 따라 포장 상자도 달랐다. 매운맛은 고추 모양의 케이스에, 달콤한 맛은 네모난 틴케이스에 담겨 있었고, 전통 문양이 그려진 주머니에 담긴 것도 있었다. 그 외에도 오일, 마니아라는 이름을 가진 알코올까지 판매하고 있었다.

파프리카 마켓에서는 모든 것이 기념품이다. 상점 입구와 마주하는 벽에는 한 면 가득 마그넷이 붙어 있다. 상품 종류에 따라 섹션도 여러 개로 나뉘어졌다. 빈티지 소품이 모인 공간에는 나무 오르골이 있는데 부다페스트의 상징인 국회의사당이 새겨져 있거나 헝가리 민족 문양이 그려진 것도 있었다. 또 헝가리에서 유명한 토카이 와인이 미술작품 같은 투명 병에 담겨 전시되어 있었다. 토카이 와인은 부다페스트 동부에서 자라는 포도로 생산된 와인이라 헝가리를 기억하기에 좋은 술이다.

—— 헝가리 기념품 숍 파프리카의 내부

그 외에도 헝가리의 전통 술인 우니쿰, 팔린커와 같은 진한 독주도 근사한 병에 담겨 있다.

또한 헝가리는 도자기가 유명하다. 왕실을 위한 도자기공예 기술이 발달한 헝가리답게 도자기 그릇도 가지런히 진열되어 있었다. 그 곁에는 헝가리 곳곳을 직접 손으로 그린 그림엽서가 바구니에 담겨 있었는데, 여느 나라에서 만났던 사진엽서보다 훨씬 품질이 좋아 보였다.

나에게는 이 상점 자체가 헝가리였다. 어느 하나를 들고 집으로 돌아가도 모두 한눈에 헝가리에서 샀다는 걸 알아차릴 만큼 헝가리를 기억해달라는 물건들 같았다.

여행지에서 기념품 쇼핑은 누구를 위한 것?

사람들은 왜 여행지에서 기념품을 구매할까? 기념품의 영단어 '수베니어souvenir'의 어원은 '기억'이라는 뜻의 프랑스어다. 이 말처럼 사람들은 여행을 추억하기 위해 기념품을 모은다. 그리고 기념품을 사 친구와 동료, 가족에게 선물하기도 한다. 그렇다면 선물을 받는 친구나 가족에게는 기념품이 어떤 의미일까?

여행에서 돌아온 후 친구들에게 마그넷을 선물했다고 가정해보자. 우리는 선물을 건네며 친구에게 뭐라고 말을 할까? 단순히 자랑하고 싶어서 선물을 하는 건 아닐 것이다. 선물을 받는 친구가 단 한 번도 헝가리에 가본 적이 없다면 더더욱 물건에 공감할 수 없다. 그런 의미에서 마그넷을 선물하는 것과 파프리카 가루를 선물하는 건 받는 입장에서도 느낌이 달라진다.

"내가 말이야. 부다페스트 여행 중에 굴라시를 먹었는데 꼭 감자탕처럼 얼큰하더라고. 헝가리인들이 파프리카 가루를 고춧가루처럼 사용하기 때문이래. 이거 한번 요리에 사용해볼래?"

선물을 받은 친구는 집에서 국물 요리를 만들 때 고춧가루 대신 파프리카 가루를 넣어보고 헝가리 음식을 간접 체험할 수 있다. 어쩌다 완벽한 레시피를 발견하면 한 통을 모두 사용하고 다시 구매하고 싶어서 판매 사이트를 열심히 찾을 것이다. 이처럼 여행에서 얻은 체험과 감정이 담긴 물건은 그것을 간접 경험한 사람에게도 필요를 만들어낸다.

그런 의미에서 파프리카 마켓은 여느 관광지의 기념품 숍과는 달랐다. 마치 기억은 곧 체험이라는 듯 헝가리를 떠올리게 하는 여러 먹거리를 간편 식품으로 만들어 상점을 가득 채웠다. 오감의 자극이 있는 파프리카 마켓은 헝가리의 파프리카를 상징으로 사용해 유럽인들에게는 매운맛에 대한 자극을, 아시아인들에게는 익숙한 맛에 대한 자극을 주었다. 이곳은 헝가리 여행에서 체험하면서 느낀 여러 감정이 담긴 물건들이 가득해 헝가리를 기억하기에 너무나 적합한 공간이었다.

8
장

전 세계 잘나가는 브랜드의 비결

내가 해외여행 중에 만난 수많은 '아이템'에서 상품의 목적성을 배웠다면 '브랜드'는 셀러문이라는 서비스를 운영하면서 새롭게 배운 것에 가까웠다. 브랜드를 이해하고 판매하기 위해서는 눈치작전이 필요하다는 사실을 깨닫기까지 수많은 시행착오를 겪어야 했다. 수많은 상표가 머릿속을 빙글빙글 도는 듯했고, 기업이 제공하는 상품의 정의를 셀러문이라는 이커머스 구조에 적용하기도 무척 어려웠다. 그때마다 나는 해외여행 중에 마주한 브랜드들을 떠올렸다. 그것은 마치 나라 안의 나라를 만나는 것처럼 새로운 세계를 지켜보는 기분이었다. 타국의 도심 한가운데서서 한밤에 반짝이는 간판을 보고 있으면 마치 그들만의 외침을 듣는 것 같았다. 박물관보다 더 박물관 같은 샌프란시스코의 아디다스와 나이키 매장이 그랬고, 바르셀로나 람블라스 거리의 카탈루냐 광장에서 보았던 H&M과 자라의 대형 매장도 마찬가지였다. 브랜드의 메시지를 매장 건물이 몸소 보여주는 것 같았다.

　한국 시장과 다른 방식으로 자기들의 브랜드를 체험하는 현지 사람들을 관찰하는 것도 새로운 경험이었다. 예를 들어, 우리는 입생로랑을 흔히 백화점이나 면세점에서 파는 고급 화장품이나 명품 가방 브랜드로 이해한다. 이 브랜드를 떠올리면 어떤 립 라인이 새롭게 출시되었는지, 올해 신상 디자인 핸드백을 어떤 연예인이 들었는지에만 주목한다. 하지만 프랑스 사람들은 입생로랑을 의류 브랜드로 이해한다. 실제로 입생로랑은 최초로 여성 정장에 바지를 접목해 패션에 혁신을 가져왔고, 프랑스인들은 이를 기억하기 위해 입생로랑 뮤지엄을 방문하기도 한다. 그들은 입생로랑의 옷을 입으며 디자이너의 생각, '패션의 혁신'을 소비한다고 여긴다. 이처럼 한국의 입생로랑과 현지의 입생로랑은 인식과 사용목적에서 다른 위치에 놓인다.

같은 브랜드지만 한국과 현지에서 다르게 받아들이는 이유는 브랜드를 제공하는 기업의 차이이기도 하다. 한국 시장에서는 어느 기업이 수입해서 유통하느냐, 어떤 마케팅 전략으로 누구를 타깃으로 삼아 시장에 소개하느냐에 따라 평가가 달라지기 때문이다.

현지와 한국 시장에서의 차이를 지켜보는 것도 신기하지만, 한국 기업이 해외상품을 대하는 태도도 재미있는 포인트다. 한국 기업은 처음으로 수입하는 해외 브랜드를 주로 강남 가로수길이나 코엑스 스타필드 등 오프라인에서 소개한다. 그런데 이러한 전략은 새로운 브랜드에 대한 경험을 제공해 브랜드 인식을 높이기 위한 것이고 정작 재빠른 판매는 온라인에서 이뤄진다.

'어! 한국 시장의 브랜드는 완벽히 눈치 게임인데!?'

해외에서 직접 경험한 브랜드의 환경과 인식. 그리고 브랜드를 처음 소개하는 수입처의 전략. 생동감 넘치는 온라인 시장(해외직구 시장 포함)에서의 브랜드 유통. 이 삼박자 안에서 우리는 눈치 게임을 펼쳐야 한다.

그래서 우리에게는 두 가지 질문이 필요하다.

첫째, 특별한 해외 브랜드의 수많은 상품 중 어떤 것을 선택해야 한국 시장에서 돈을 벌 수 있을까?

둘째, 먼 나라에서 상품을 만드는 브랜드가 새로운 상품을 출시할 때, 어떻게 하면 가장 먼저 한국에서 선보일 수 있을까?

첫 번째는 탁월한 안목으로 성공 공식을 가진 아이템을 수입하는 것이고, 두 번째는 거리의 장벽이 없는 온라인 판매 플랫폼을 활용하는 것이다. 그래서 나는 브랜드란 끊임없이 시장에서 테스트하며 전략을 펼쳐야 하는 눈치작전이라고 말하고 싶다. 어쨌거나 많은 물건과 서비스는 꾸준하게 바다를 건너온다. 어떤 아이템이든 신선한 관점으로 고객들에게 전달해야 하는 입장에서 이런 점을 파악하지 못한다면 살아남지 못한다. 세계를 오가는 브랜드의 흐름을 가만히 지켜보는 것만으로 트렌드를 읽는 힘이 생기고, 해외와 다른 한국 시장을 읽을 수 있게 된다.

INSIGHT BRAND

SPA는 가격과 품질의 합리성이라고?
──── 잘 설계된 비즈니스 모델일 뿐이라고! ────

'패스트 패션Fast Fashion' 또는 '스파SPA'라고 부르는 의류 카테고리가 있다. 백화점 명품 매장에서는 본 적 없는 브랜드지만 거대한 자체 매장이 있으며 시즌이 바뀔 때마다 일관성 있는 디자인으로 의류를 제작해 판매하는 곳이다. 이들은 장소를 신중하게 선택해 매장을 오픈하기 때문에 매장 수가 많지 않아 고객 접근성은 다소 낮다. TV를 통한 대대적인 마케팅도 하지 않는다. 그럼에도 누구든 이 브랜드를 알고 있다. 유명한 스파 브랜드로는 자라와 H&M, 유니클로, 갭 등이 있다.

스파는 'Specialty store retailer of Private label Apparel'의 약자다. 이 명칭을 조금 더 쪼개서 보면 소매점specialty store retailer은 하나의 카테고리를 모은 상점을 말한다. 꽃집, 서점, 캠핑용품점처럼 목적성이 강하고 그 카테고리에 해당하는 다양한 아이템을 구비해둔 곳이다. 자사 상표private label는 제조업체가 아닌 유통업체가 붙이는 고유한 브랜드를 뜻하고, A는 말 그대로 의류apparel라는 의미다.

'스파'라는 이름에는 이 비즈니스 모델의 핵심이 들어 있다. 누구나 계절이 바뀔 때 품질 대비 가격이 저렴한 스파 브랜드 매장을 찾은 경험이 있을 것이다. 이들은 자체 제작한 상품을 매장에서 직접 유통하기 때문에 다른 유명 브랜드보다 훨씬 저렴한 가격으로 상품을 공급할 수 있다. '블라우스 한 장에 4만 원이면 싼데? 이렇게 큰 매장을 유지할 만큼 돈을 벌고 있는 걸까?' 하고 다소 얕잡아 보았다면 큰 오산이다. 가격과 품질의 균형을 잡아 고객을 끌어들인다는 점에서는 칭찬받지만, 실질적으로는 수익을 위해 가격경쟁력을 선택한 것이고 그 뒤에는 잘 짜인 비즈니스 모델이 숨어 있기 때문이다.

자라의 창업자 아만시오 오르테가는 2019년 세계 부자 순위에서 6위로 선정될 만큼 큰 부를 축적했다. H&M 또한 스웨덴 상장기업으로 시가총액 수위권 안에 드는 기업이다. 도대체 이들은 어떻게 시장에서 고객에게 선택받고 어떤 방식으로 이익을 얻는 것일까? 그 유통 방식은 어떻게 잘 짜인 비즈니스 모델이 되는 것일까?

만 가지 디자인의 생산이 어떻게 수익이 될까?

해외에서 만난 자라와 H&M 건물은 인상적이었다. 바르셀로나에서는 자라의 거대한 매장의 모습에 놀랐고, 오스트리아 빈에서 방문한 H&M은 옛 건축물에 간판이 어우러진 모습이 독특했다. 둘 다 각 회사가 추구하는 모습을 정확히 보여주는 것 같았다.

스페인 건축은 높이보다 면적으로 안정감을 주는 경향이 있는데 바르셀로나의 자라 매장 또한 화려한 조각 기둥이 수십 개 이어질 만큼 넓은 공간이었고, 기둥 사이로는 쇼윈도가 이어지고 있었다. 스페인 브랜드답게 자라 매장은 마치 명품숍을 보는 것 같았다. 쇼윈도 디스플레이는 프랑스의 화려한 명품 매장에 버금가지만 막상 안에 들어가 블라우스 하나를 펼쳐보고 명품의 10분의 1도 안 되는 저렴한 가격에 깜짝 놀라고 말았다.

빈에서 만난 H&M은 건물의 화려함에 비해 디스플레이는 단순하고 깔끔했다. 남성 의류 위주로 쇼윈도를 장식했고, 실용적인 면을 좋아하는 오스트리아인들의 취향을 반영한 듯했다. 무엇보다 H&M의 로고를 최소화하면서 건축물과 어우러지는 매장의 모습에서 현지화를 추구하는

—— 오스트리아 빈에 있는 H&M 매장. 본사 정책에 따라 오스트리아의 정서에 맞춰 현지화되어 있다.

본사의 노력이 엿보였다.

이처럼 유럽 어디에서도 쉽게 만나는 두 브랜드는 트렌디한 패스트 패션의 선두주자다. 이 둘에게는 공통점이 있다. 품질에 비해 가격이 합리적이라는 것, 그리고 만 가지의 디자인이 매장에 걸려 있을 만큼 다양성이 있다는 점이다. 하지만 분명 두 브랜드는 닮은 듯하면서 다르다. 어느 나라에서는 두 매장이 나란히 있기도 하고 패스트 패션으로 동시에 언급되기도 하지만 이들은 서로 다른 방식으로 글로벌 의류 비즈니스 모델로 확장하고 있다.

옷이 이렇게 많은데, 이 디자인은 없어요?

자라 매장의 쇼윈도는 많은 걸 설명한다. 고급스러운 매장의 분위기는 그들만의 특별한 디자인을 소개하겠다는 노력의 표현이다. 가격뿐 아니라 디자인 품질로도 고객을 설득하는 것이다. 한국에서도 이런 경험이 있을 것이다. 매장마다 진열된 상품이 달라서 원하는 디자인을 사기 위해 가까운 매장 대신 다른 지역까지 찾아간 적 말이다(물론 그렇게까지 노력하는 일은 자주 없겠지만 우연히 다른 매장에 들릴 때는 종종 이런 비교를 하게 된다). 또 어쩌다 원하는 옷을 발견하고 눈여겨보았다가 이틀 뒤에 옷을 사러 가면 이미 사라지고 없는 일도 있다. 직원에게 물으면 수량이 모두 빠졌다는 답변을 듣게 된다. 이쯤에서 의문이 든다. 옷이 이렇게 많은데 내가 찜한 디자인은 어디로 간 걸까?

자라의 설립자인 오르테가는 패션은 요구르트와 같아서 시간이 지나면 기한이 만료된다고 했다. 그만큼 유통기한이 짧아 상하기 전에 소비해야 하는 대상으로 인식했다. 여기에 자라의 생산 비결이 있다.

자라는 보통의 의류 브랜드가 시즌 6개월 전부터 상품을 준비하는 것과는 다른 생산 방식을 추구한다. 시즌마다 의류 디자인을 최소로 지정한다는 점, 50퍼센트 이상의 시즌 의류를 결정하고 미리 생산하는 다른 브랜드와는 달리 20퍼센트 이하의 시즌 라인만 결정하고 트렌디한 디자인이 나올 때마다 교체하는 발빠른 유통체계를 만들었다는 점이다.

이럴 수 있는 건 자라가 직접 제작해 유통하는 방식을 사용하기 때문인데, 실제로 디자인을 스케치하고 제작해 매장에 걸기까지 고작 2주밖에 걸리지 않는다. 하지만 그렇게 수많은 디자인 상품을 생산하면서 어떻게 수익을 내고 있을까?

자라는 '적시생산방식Just In Time'이라는 통합 생산 라인을 갖고 있다. 이들은 실시간으로 물량을 파악하면서 스페인에서 전 유럽으로의 최적화된 유통 흐름을 만들어냈다. 이 방식에는 두 가지 장점이 있다. 첫째, 수량을 적게 생산할 수 있어 손실을 최소화한다는 점이다. 즉 '재고는 죽음'이라는 오르테가의 철학대로 매장에 필요한 만큼만 생산해 유통할 수 있다. 둘째, 트렌드에 맞게 다양하게 변형해 생산한다는 것이다. 자라의 시즌 의류를 보면 소재는 같은데 디자인이 다른 경우가 많다. 이것은 시즌마다 네 가지 유형의 원단만 기본으로 설정해놓고 디자인은 매장에서의 데이터를 바탕으로 필요에 따라 생산해 유통하기 때문이다.

특별한 소재와 디자인의 다양성 덕분에 생산이 빨라지고 재고는 남지 않아 수익을 남기는 비즈니스 모델이 될 수 있었다. 여기에 고객의 인식 변화도 한몫했다. 그들이 원하는 디자인이 금방 매진된다는 인식이 생기자 한정된 시즌 의류를 소유하고 싶다는 욕구가 생겨났고, 디자인의 희소성에 가치가 부여되었다. 고객들은 매장을 방문했을 때 마음에 드는 의류가 있다면 곧바로 구입해야 한다고 생각하게 되었다.

이런 이유로 자라가 할인행사를 한다 하더라도 원하는 아이템을 찾긴 쉽지 않다. 이월상품도 찾아보기 힘들뿐더러 이런 행사를 하더라도 다른 브랜드와는 진열 방식이 다르게 운영된다. 매장의 한 벽면에는 '마지막 남은 상품'이라는 메시지를 써놓고 재고를 특별한 상품인 것처럼 포장해 판매를 지속하는 힘을 만들어내기도 한다.

이러한 수익의 선순환으로 자라는 생산하는 만큼 대부분 판매하는 유통의 흐름을 확보해 꾸준히 영업이익이 상승하게 되었고 브랜드 충성 고객층이 생겨났다. 사람들은 단순히 품질에 비해 가격이 싸서 자라를 찾지는 않는다. 주기적으로 바뀌는 매장의 활동성에 재미를 느끼기 때문에 이곳을 방문한다.

가격 맛집이라 하나씩 더 사게 돼요!
———

H&M은 1947년, 미국 여행 중에 의류 매장의 대량화를 보고 영감을 얻은 얼링 페르손이 스웨덴에 설립한 브랜드로, 자라보다 훨씬 앞선 유럽의 패스트 패션 브랜드다. 처음에 비즈니스 모델을 미국에서 접해서인지 H&M은 자라보다 기본에 집중한 디자인이 많다.

자라가 '재고는 죽음'을 외쳤다면, H&M은 '깜짝 놀랄 만한 가격'을 외친다. H&M은 자라에 비해 가격이 30퍼센트가량 저렴하다. 자라가 신선한 채소가게라면 H&M은 가격 맛집인 셈이다. 일단 고객이 마음에 드는 디자인을 손에 쥐면 합리적인 가격에 만족해야 한다는 생각으로 가격 중심의 브랜드를 만든 것이다. 이들 또한 여느 스파 브랜드처럼 재고를 남기지 않는 것이 목표인데 그 해답을 가격에서 찾고 선순환하기 위해 노력했다. 때로 청바지 하나를 20유로(한화 약 3만 원)에 살 수도 있다 보니 고객들은 디자인별로 구매하기도 한다. 팔을 옷걸이 삼아 주렁주렁 걸어 담아도 50유로(한화 약 7만 원)가 채 되지 않을 때도 있다. H&M이 이처럼 싼 가격으로 상품을 판매하는 가격 맛집이 된 노하우는 바로 이들만의 유통과 생산 방식에 있다.

H&M은 생산 라인을 직접 갖고 있지 않고 모두 아웃소싱한다. 그러다 보니 의류 제작 업체라기보다 유통회사라는 인식이 더욱 강하다. 이들이 생산 공장을 소유하지 않아 비용을 절감하자 유통 과정만으로 가격을 낮출 수 있었고, 다른 것에 집중할 수 있게 되었다.

H&M은 그 덕분에 디자인 가치에 더욱 신경을 썼고, 유명 브랜드 디자이너들과 컬래버 상품도 제작했다. 그중 가장 이슈였던 사례는 샤넬 크리에이티브 디렉터였던 칼 라거펠트와 H&M의 컬래버였다. 이 상품은 뉴욕에서 한 시간도 안 되어 전량 소진되는 신기록을 세우기도 했다. 기존 라거펠트의 디자인 상품은 명품으로 쉽게 접근이 어려웠지만, H&M 컬래버 제품은 7만 원이라는 파격적인 가격으로 선보였다. 이것 또한 디자인과 가격 면에서 모두 주목을 받았다. 이런 전략은 유럽에서만 유명하던 H&M이 미국 시장으로 진출할 때 특별한 홍보 없이 진입할 수 있

는 밑바탕이 되었다. 그들은 거꾸로 아이템을 통해 브랜드 이름을 알린 것이다.

이들의 글로벌 모델 확장에 또 다른 역할을 한 것이 바로 현지화한 매장 운영 정책이다. H&M은 각 나라에 맞는 현지화 작업을 중요하게 생각했다. 매출의 90퍼센트 이상이 독일, 프랑스, 영국, 미국, 네덜란드 같은 타국에서 일어나기 때문이다. 생산에 대한 큰 부담이 없던 이들은 어떻게 유통을 잘 할 수 있는지에만 집중했다. 빈에서 본 매장은 H&M의 이런 전략에 초점을 둔 대표적인 매장이다. 오스트리아에서 그들은 시그니처 색을 최대한 적게 사용하여 깔끔하고 단순한 것을 좋아하는 오스트리아인들의 성향에 맞게 의류를 진열했다. 이처럼 그들은 해외에 매장을 오픈할 때 본사가 제공하는 디자인과 현지의 성향을 반영한 디자인 비율에 균형을 맞춰 그 나라 사람들이 선호하는 의류를 제공한다. 그러다 보니 나라별로 다른 매장 분위기를 살펴보는 재미도 있고, 가격을 비교해 보는 재미도 있다.

내가 프라하를 방문했을 땐 여름이었지만 차가운 동유럽의 바람에 옷이 없어 떨었던 기억이 있다. 그때 호텔 바로 옆에 있는 H&M 매장을 찾아 카디건과 줄무늬 바지를 샀다. 디자인도, 색도 원하던 것이어서 어느 옷에 걸쳐 입어도 손색이 없었고, 바지는 한국으로 돌아와서도 즐겨 입을 만큼 편했다. 이처럼 갑작스러운 쇼핑에도 부담이 없을 만큼 싼 가격은 무척 만족스러운 점 중 하나였다.

또한 H&M은 액세서리 맛집으로도 유명하다. 현지 상황에 맞는 디자인으로 나라마다 분위기가 다른 액세서리들을 비교해보는 것이 재미있다. 체코-오스트리아-헝가리는 서로 아주 가까운 나라들이었지만 H&M에 진열된 액세서리는 사뭇 달랐다. 나는 체코에서 숄이 달린 인디핑크 귀걸이를, 오스트리아에서 빈티지한 큐빅 반지를 샀다. 이런 유럽풍의 액세서리는 색다른 매력이 있어서 한국에 돌아와 이 반지를 끼고 나가면 모두의 관심을 끌었고 나는 이 독특한 느낌이 좋았다.

이처럼 H&M은 현지 상황에 맞는 소재와 문화를 반영하고 있다. 아시아에 매장을 오픈할 때도 자라처럼 일괄적으로 사이즈를 구분해서 서양 사이즈보다 한 단계 낮게 측정해 유통하지 않고, 아시아인의 체형에 맞게 변형해 의류를 제공하기도 했다. 이처럼 H&M이 다른 나라에서 호응을 얻는 데는 이들이 현지의 피드백을 적극적으로 수용해 거기에 맞는 디스플레이를 지켜왔기 때문이다.

한편 H&M도 수만 가지 디자인으로도 재고를 크게 남기지 않는 것으로 유명한데, 고객의 접근성을 높이는 합리적인 가격의 선순환으로 사랑받는 브랜드가 되는 동시에 수익을 얻는 것이다.

디자인이 아닌 사이즈가 어떻게 수익이 될까?

미국에서 갭 매장을 찾으면 만 가지 디자인은 볼 수 없지만 만 가지 사이즈는 볼 수 있다. 사람 키의 다섯 배 높이는 될 만한 거대한 매장의 한 벽면에는 같은 디자인의 옷이 바닥부터 천장까지 이어져 있다. 그렇다고 이 옷들이 다 똑같은 건 아니다. 색상별로, 사이즈별로 차이가 있는 엄연히 다른 옷이다.

갭은 어떻게 사이즈가 다른 옷을 수집하듯 갖추게 되었을까? 어쩌면 갭을 창업한 도널드 피셔의 생각 때문인지도 모른다. 당시 호텔을 매입했던 그는 청바지 브랜드 리바이스에 건물을 임대했고 그곳에서 작업용 청바지를 몇 벌 주문했는데 사이즈가 맞지 않았음에도 교환이 힘들었다. 당시 다른 매장과 백화점마저 재고를 감당하기 힘들어 비치된 사이즈가 몇 점 없다는 데서 아이디어를 착안한 그는 다양한 사이즈를 제공하는 갭을 창업했다. 도널드 피셔는 샌프란시스코의 오션 애비뉴에 박스 형태의 리바이스 편집숍을 오픈했다. 그곳에서 판매하는 상품은 리바이스 청바지뿐이었는데 다양한 색상과 사이즈를 모두 모아놓고 고객을 설득했다. 그러자 그는 2년 만에 250만 달러 매출을 달성하게 되었다. 초창기 사업 모델을 만들고 4년 뒤에는 IPO 상장까지 하며 미국에서 200개 가까운 매장을 가지게 되었다.

갭이라는 브랜드 자체는 '스파'라 불리는 비즈니스 모델이라고 말해도 무방할 만큼 이 시스템을 처음 구축한 회사다. 지금이야 자라에게 스파의 의류 생산 방식의 대명사를 많이 넘겨주었지만 갭은 처음으로 기획-생산-유통-판매까지 전 과정을 도입했다. 피셔는 리바이스만 판매해서는 안 된다는 생각으로 자체 상품을 출시하기 시작했고 라인을 확대할수록 소비자 요구에 맞게 빠르게 유통해야 극대의 수익을 얻을 수 있다는 사실을 알게 되었다. 그래서 자체 생산 작업에 집중하고 기획부터 생산, 판매까지 누구의 손도 거치지 않았다. 갭의 상품은 갭 매장에서만 판매한다는 상징성이 있다. 백화점이나 타 상점이 아닌 오직 '갭'이라는 유통의 독점성을 가지자 상품의 가격을 가장 합리적으로 만들 수 있었다.

갭 의류는 디자인이 다양하진 않지만 미국인들의 평소 일상 패션에 어울릴 편안한 의류 스타일을 제공한다. 디자인보단 사이즈가 핵심인 만큼 갭의 의류 사이즈는 아이가 입을 수 있는 XS부터 체형에 상관없는 XXL의 빅사이즈까지 15가지 종류로 구분된다. 갭은 특히 매장에서 고객들이 "이거 사이즈 있어요?"라고 자주 묻는 디자인의 상품을 대량생산한다. 때로는 디자인이 단순하고 소비자들의 디자인 욕구를 충족시켜주지 못한다는 아쉬운 피드백도 있었다. 그런 이유로 갭은 군복에서 사용하던 카키색을 적극 활용한 시그니처 의류를 제작한다거나, 가끔은 디자이너 콜래버로 디자인과 마케팅에 신경 쓰기도 하지만 그 중심에는 항상 아이부터 어른까지 사이즈를 갖추어 소수의 사이즈를 가진 타깃까지 공략해 전 세대의 소비를 만족시킨다는 생각이 있다. 그들은 지금도 여전히 디

——— 샌프란시스코 다운타운에 있는 갭 매장. 다양한 사이즈가 구비되어 있다.

자인이 아닌 '사이즈'로 고객을 설득하고 있는 것이다.

한국 시장에선 왜 눈치작전이 필요할까?

여기서 셀러문 이야기를 잠깐 해보자. 셀러문은 직구 시장을 대신해 현지에서 인기 있는 아이템을 가장 빠르게 추천하고 소비자는 원하는 아이템을 요청할 수 있다.

그런데 자라 상품과 관련하여 아주 재미있는 사건이 하나 있었다. 자라의 디자인 컬래버 상품으로 미키마우스 운동화가 출시된 적이 있다. 해외 셀러가 자라 매장에서 일부 물량을 확보해 고객들에게 소개했더니 1분에 한 개씩 팔려나갔다. 너무 빨리 소진되는 모습이 당황스러웠다. 사람들이 자라 미키 운동화를 찾는다는 사실이 중국에서 소문나기 시작하자 누군가는 가품을 만들어 팔았고, 셀러는 그 사실을 안 순간 재빠르게 손을 떼고 더 이상 이 아이템에 관여하지 않았다. 실제로 타 사이트에서는 가품에 대한 불만사항도 다수 접수되었다. 그런데 얼마 후 그 인기 많던 자라 미키 운동화가 한국 매장에 들어와 있는 것을 발견했다. 이 운동화는 슬리퍼처럼 뒤트임이 있는 뮬 스타일이어서 다른 자라 운동화보다는 인기가 많았지만 불티나게 팔릴 만큼 많이 찾지는 않았다. 적어도 사람들이 이 운동화를 사기 위해 달려가진 않은 것이다. 이래서 한국 시장은 트렌드에 민감하고 빠르게 아이템을 확보해야 하는 그야말로 눈치작전이 필요할 수밖에 없다.

해외에서 한국으로 물건을 주고받을 때 판매하기에 완벽한 순간은 한국 매장에 그 아이템이 없을 때다. 하지만 그렇다고 우리가 한 번도 본 적이 없는 아이템은 아무리 특별하다 해도 잘 팔리지 않는다. 고객들이 자라를 잘 아는 것처럼 브랜드에 대한 이해가 충분히 있어야 한다는 포인트가 필요하다. 평소에 그 브랜드를 소비하는 와중에 유니크한 디자인이어서 구하기가 어렵거나 더 이상 생산되지 않는 것은 수요가 발생한다.

우리는 상품을 전달하는 사람으로서 두 가지 눈치작전을 펼쳐야 한다. 먼저, 특별하다고 해서 사람들이 모르는 브랜드를 고수해서는 안 된다. 단 한 번이라도 소비자가 그 브랜드를 사용한 경험이 있느냐를 살펴보아야 한다.

그런 후 그 안에서 한국에는 없는 아이템을 찾아야 한다. 사람들이 찾기 시작하는 순간 물건들을 가장 빠르게 공급해야 하고 가장 빠르게 빠져나와야 한다. 한국 시장은 트렌드에 민감해 금방 수요가 사라지거나 한국 매장에 들어와 버리기 때문이다. 막대한 수익을 내는 글로벌 스파 브랜드들도 재고를 남기지 않기 위해 자원을 활용하는데 아무것도 없는 작은 우리가 재고를 떠안으며 상품을 판매할 수는 없다. 이런 눈치작전의 성공은 곧 한국 시장에서 독점성과 희소성으로 작용한다.

한국에도 스파 의류 브랜드들이 생겨나고 있다. 하지만 글로벌 브랜드처럼 성장 가속을 달린다거나 시장에서 영역을 확장하며 좋은 평가를 받는 게 아니라서 아쉬운 부분도 있다. 물론 탑텐처럼 성장하는 브랜드도 있고, 글로벌 브랜드에 비해 짧은 업력을 감안하면 아직 지켜봐야 할 문제지만 여전히 한국 스파 브랜드는 합리적인 가격에 좋은 품질이라는 표면적인 특징에만 집중하고 있는 게 아닌가 싶다.

글로벌 스파의 핵심은 의류를 좋은 디자인과 품질을 갖춘 상품으로 시즌별로 빠르게 고객에게 제공한다는 단순한 패스트 리테일이 아니다. 내가 정리한 글로벌 스파 브랜드의 강점은 다음과 같다.

- 마케팅을 최소화하면서 얻는 가격경쟁력
- 매장 고객들의 피드백으로 확보한 생산의 적합성
- 시즌마다 수익성 있는 상품 파악
- 직접 생산 방식으로 재고 없이 영업이익 극대화
- 매장을 마케팅으로 활용해 '완벽히 합리적인 순간'을 선사

스파 브랜드는 '어떤 방법으로 수익을 남기는 동시에 고객들의 사랑을 받을 것이냐'에 대해 고민해야 한다. 계절이 바뀌는 지금 코엑스 스타필드에서는 에잇세컨즈의 의류가 할인행사 중이다. 가격이 엄청나게 싸다. 원피스는 1만 5000원, 트렌치코트는 3만 원 대면 살 수 있다. 하지만 여기에는 글로벌 스파의 할인 가격과 다른 점이 있다. 주간마다 촘촘히 세일 가격을 넣고 고객이 매장을 다시 찾도록 해 재고를 남기지 않는 방식이 아닌 것이다. 그들은 어떻게든 그해의 재고를 다음 해로 넘기지 않고 판매한다. 하지만 우리는 백화점 브랜드의 이월상품을 판매하는 아웃렛에 익숙한 유통문화 때문에 지난해 출시된 의류를 올해 싸게 파는 것을 당연하게 생각한다. 그래서 에잇세컨즈의 이월상품 할인행사가 매력적이지 않은 것이다.

어쩌면 스파의 핵심뿐 아니라 모든 잘 팔리는 아이템의 핵심은 빠른 유통으로 재고를 남기지 않고 생존해 고객의 사랑을 받아야 한다는 것일지도 모른다. 시즌 또는 순간마다 재고를 남기지 않고 남김없이 판매

하기 위해서는 촘촘한 전략과 가격을 포기하는 용기가 필요하다. 우리는 몇 십 년간 쌓아온 글로벌 스파 브랜드들의 전략을 의류뿐 아니라 다른 아이템에도 적용할 수 있다.

INSIGHT BRAND

먹는 것과 입는 것

———— '소스 전쟁'과 '로고 전쟁' ————

해외에서 새로운 경험을 한다는 것은 어떤 것일까? 우리가 여행을 떠나 낯선 나라에서 가장 기대하는 경험은 현지 레스토랑에서 맛있는 요리를 먹는 것과 상점에서 신기한 물건을 쇼핑하는 것이다. 한국에서보다 더 특별한 경험이 아니라 단지 먹고 입는 것만으로도 그 나라의 문화를 충분히 즐길 수 있다. 우리와 다른 문화의 사람들이 무엇을 먹고 입는지 지켜보면 일상의 차이를 금세 파악할 수 있기 때문이다.

무엇이든 그동안 알고 있었던 것에서 조금만 다른 작은 차이를 발견해도 더욱 새로움이 느껴진다. 이를테면 우리는 고추냉이를 녹색의 건조한 식감에 코끝에 찡한 자극을 주는 맛으로 기억한다. 하지만 일본의 한 음식점에서 먹었던 유자와사비(유즈코쇼)는 촉촉한 식감에 톡 쏘는 자극 없이 은은한 유자 향이 풍겨 음식에 상큼하고 진한 풍미를 더해주었다. 이런 낯선 조합 덕분에 고추냉이를 다시 보게 되었다. 그런 인사이트를 받으면 내가 즐겨 먹던 요리와 연결해보고 싶기도 하다. 해외에서 특별한 맛이나 물건을 경험했을 때 누구나 한 번쯤 '이거 한국에 가져가면 대박이겠는데?'라고 생각해본 적이 있을 것이다. 나 역시 유자와사비를 한국으로 가져와 사람들에게 추천해주고 싶었다. 이렇듯 여행은 그 나라의 음식으로 기억되기도 하고, 해외에서 만난 사람들의 머리나 옷 스타일로 기억되기도 한다. 먹는 것과 입는 것은 상품의 전달력과 공감 면에서 가장 강력하면서도 즐거움을 주는 카테고리다.

해외에서 만난 음식과 스타일은 이미 한국 시장에서 알게 모르게 널리 퍼져 있다. 내가 발견한 유자와사비 또한 이미 온라인 시장에서는 많이 알려진 아이템이다. 한국 시장이 해외상품에 대한 수용이 빠른 만큼 마트에는 미국 상품이 많이 들어와 있고, 유명 빵집에서는 프랑스 잼을 판매하고 있으며, 와인은 한국에서 마셨던 것을 도리어 해외여행 중에 발견하는 반가운 일이 생기기도 한다. 그만큼 음식과 스타일은 이미 우리보다 훨씬 빠르게 바다를 건너 오가고 있다.

여행에서 먹는 즐거움으로 탄생한 마트

바다 건너기를 우리보다 훨씬 빠르게 하며 여러 나라가 함께 '먹는 것'들은 무엇이 있을까? 수요가 가장 많은 카테고리는 와인일 것이다. 한국에도 와인을 즐기는 인구가 점점 늘어나면서 유럽과 북미, 남미, 호주 등 여러 나라의 와인에 익숙해졌다. 더욱이 미국에도 와인 시장이 개방되면서 현지 마트에서 이탈리아나 프랑스 와인을 손쉽게 볼 수 있게 되었는데 나파 와인은 비싸고 저가의 미국 와인은 식상하다고 생각하는 미국인들이 다양한 맛을 부담 없이 즐기기 위해 유럽 와인을 많이 소비하고 있다. 내가 미국 홀푸드Whole Food 마트를 방문했을 때도 한국에서 봤던 루피노 와인을 팔고 있었는데 한국에서 3만 원 이상으로 팔리는 제품이 15달러(한화 약 1만 7000원)가 채 안 되는 좋은 가격인 것을 보고 반가운 마음이 들었다.

그 외에 여러 나라에서 함께 즐겨 먹는 것은 또 무엇이 있을까? 바로 '소스'다. 소스는 요리에서 아주 중요한 역할을 한다. 같은 음식이어도 소스 하나로 동양의 맛이 되기도, 서양의 맛이 되기도 한다. 채소 하나를 먹을 때도 발사믹 드레싱을 뿌리느냐, 간장을 뿌리느냐에 따라 음식의 목적과 맛이 달라진다. 사람들은 나라마다 다른 와인이나 소스에 대한 호기심이 있다.

이것을 가장 잘 이용해 성장한 리테일 브랜드가 있다. 바로 '트레이더

조^{Trader Joe's}'다. 미국은 거대한 나라 규모만큼
이나 다양한 마트가 있고 저마다 성장 포인
트나 특징이 다르다. 그렇게 치열한 경쟁에서
트레이더조는 와인과 소스에만 집중해 고객
들의 마음을 사로잡으면서 시장 진입에 성공
했다.

트레이더조를 창업한 조 쿨롬베는 가족
과 카리브해로 여행을 떠났다가 트레이더조
의 아이디어를 얻었다고 한다. 바다를 바라보
며 맛있는 음식을 먹고 와인을 마시며 마치
우리처럼 '이거 미국에 가져가면 대박이겠는
데?'라고 생각하고 실천으로 옮긴 것이다.

—— 러시안 리버 밸리 샤도네.
트레이더조는 전 세계 와인
을 수집한다.

그때까지 미국 마트에는 특색 있는 식료품이나 해외 식료품을 파는
곳이 없었다. 그는 해변에서 먹고 마신 신선한 해산물과 와인을 떠올리
며 항해하는 선장의 콘셉트로 마트를 만들었다. 그래서 트레이더조에는
선장과 승무원이 있다. 직원들에게 하와이안 셔츠를 입히고 매니저를 선
장이라 부르며 직원들을 승무원이라 부른다.

쿨롬베는 타깃도 정확히 정했다. 본인이 여행 중에 아이디어를 떠올
렸듯이 여행을 경험한 사람들이 트레이더조를 찾게 해야겠다고 생각한
것이다. 그가 1981년 〈뉴욕타임스〉에서 한 인터뷰를 보면 장학금을 받

으며 대학에 다닌 후 몇 년 동안 유럽을 여행하면서 치즈의 맛을 알게 되었고, 음료와 커피에서 맥주와는 다른 무언가를 찾는 사람이 자신의 고객층이라고 말한 적이 있다. 이처럼 다양한 체험을 즐기고 수집욕이 강한 사람들이 트레이더조의 타깃이었다. 그 후 그는 전 세계의 소스와 와인을 마트로 모았다. 그러자 태국이라는 나라는 몰라도 아시아의 독특한 소스와 프랑스 빈티지 와인 등을 합리적으로 살 수 있는 곳은 트레이더조밖에 없다는 인식이 자리 잡기 시작했다.

트레이더조의 핵심 전략, PB 상품

쿨롬베가 수입한 물품은 몇 가지로 한정되지 않는다. 카레를 맛에 따라 모두 들이기도 했고, 멕시코의 살사 소스를 레시피에 맞게 수입하기도 했다. 그는 빈티지 와인을 찾으려 프랑스로 떠났다가 가족과 연락이 두절될 만큼 40년 동안 트레이더조에서 판매할 와인을 광적으로 모았다. 현재 트레이더조의 와인 코너에는 시음 과정을 거쳐 선정된 500종 이상의 와인이 진열돼 있다. 그는 새로운 식료품을 선보일 때마다 고객의 피드백을 받아 인기 있는 카테고리는 점점 더 확장했다. 스낵류의 매출이 높아지면 이국적인 스낵의 가짓수를 더욱 다양화하는 방식이었다. 덕분에 쿨롬베는 고객을 빠르게 이해하고 구매 욕구를 자극하는 것으로 유명해졌다.

트레이더조는 이런 성장으로 2021년 기준으로 미국 40개 이상의 주에 530개의 매장을 확보했고, 글로벌 고객 데이터 분석 업체인 던험비에 따르면 2019년에는 미국 소비자 슈퍼마켓 선호도 조사에서 월마트와 코스트코를 제치고 1위를 하기도 했다.

트레이더조의 성장에는 이색적인 소스와 와인, 고객이 원하는 트렌드를 빠르게 쫓아가는 매장 운영 방식 등도 당연히 포함되지만, 사실 핵심은 합리적인 가격으로 판매되는 PB 상품이다. 트레이더조에는 5만 개 이상의 식료품이 판매되고 있지만, 80퍼센트 이상에 트레이더조의 라벨이 붙어 있다. 여느 마트 유통사와는 차별되는 점이다. 트레이더조에 PB 상품을 공급하는 업체는 계약서상 트레이더조에 상품을 납품한다는 사실을 공개할 수 없다. 사람들이 상품을 소비할 때는 오직 트레이더조만 떠올리게 한 이들의 전략이다. 그러자 사람들은 이들에게 납품하는 회사가 어디인지 궁금해하기 시작했다. 매체에서는 PB 상품의 성분표를 분석해 비슷한 회사를 찾는 기사를 내기도 하고 미국 농무부나 약국에서 리콜하는 정보를 보고 제조사를 찾아보기도 했다.

트레이더조에 납품하는 회사는 대부분 소규모 제조업체들이다. 트레이더조는 이들과 독점 계약을 맺어 서로 만족스러운 결과를 낳았다. 트레이더조는 자신의 브랜드로 상품을 판매하는 동시에 중간 유통 없이 물건을 구매해 가장 합리적인 가격으로 소비자에게 제공할 수 있었고, 제조업체는 미국 전역에 있는 대형마트에 상품을 납품해 수익을 올렸다. 고객은 원하는 상품을 다른 대형마트보다 훨씬 싸게 구매하게 되었다.

트레이더조는 이런 전략으로 얻은 수익을 상품의 질을 높이는 데 투자했다. 그러자 곧 친환경 마트 브랜드인 홀푸드 마켓을 넘어서 '유기농', '깨끗한 식자재'를 파는 곳이라는 이미지까지 가져오게 된다.

또한 새로운 상품을 넣을 공간을 확보하기 위해 이익이 좋았던 기존 상품들을 과감하게 빼기도 했고, 지역마다 고객이 선호하는 상품이 다르다는 걸 파악해 매장 상황에 따라 인기 품목을 다르게 진열했다. 그들은 콘텐츠로도 고객의 공감대를 끌어냈는데 해변에 있는 매장은 서핑을 테마로 꾸미는 등 위치마다 다른 콘셉트로 고객들을 즐겁게 했다. 그들은 자체 사이트를 운영하지 않아서 매장에 가야만 물건을 살 수 있는데도 고객 선호도 1위를 차지하는 데 성공했다.

쿨롬베는 트레이더조를 코카콜라와 비교하며 코카콜라가 무한 공급되는 상품이라면 트레이더조는 빈티지 와인처럼 고객의 취향에 맞는 깊이 있는 아이템을 다양하게 공급한다고 이야기했다. 그들은 각양각색으로 반복 확장되는 식료품들로 트레이더조의 팬을 꾸준히 확보한 것이다.

한국에서는 소스 전쟁이 아니라 배달 전쟁!

브랜드에서 트레이더조 이야기를 하는 것은 그들이 PB 상품으로 성공한 브랜드를 만들었기 때문이다. 셀러문을 포함해 직구 시장에서는 '트레이더조 쇼핑하기', '트레이더조 쇼핑 리스트'가 콘텐츠가 될 만큼 많은 사람에게 관심을 받는다. 얼마 전 셀러문의 미국 셀러는 여름이 가까워졌을 때 '맥주 친구 살사소스 모음'이라는 콘셉트로 라틴계나 미국인이 많이 먹는 트레이더조의 살사소스를 열두 가지나 소개했다. 한 가지 상품을 깊게 파고드는 성향 덕분에 그들은 지구 반대편인 한국 시장에까지 특별한 대명사로 불릴 만큼 인기 있는 브랜드가 되었다.

요즘 한국에서는 마트들의 식료품 배달 전쟁이 한창이다. TV를 틀면 수많은 기업이 식료품 새벽 배송에 뛰어들었다는 광고를 쉽게 볼 수 있다. 하지만 마트의 목적을 생각하면 단순히 오프라인 매장이 현재 상황이 어렵다는 이유로 온라인 구매 고객의 소비력을 잡아 오지 못한다는 것은 변명에 불과하다. 사람들은 여전히 가족과 함께 손을 잡고 신선한 채소를 직접 고르며 장 보는 재미를 느끼고 싶어 한다. 또한 매장이 하나의 홍보 수단이 되는 오프라인은 온라인에 비해 마케팅에 많은 돈을 쓰지 않아도 충분히 고객을 모을 수 있다. 반면 온라인은 인터넷상에서 노출되기 위한 엄청난 마케팅 비용과 매장 운영 이상의 배달비가 필요하지만, 고객에게 필요한 상품을 가장 빠르게 직접 전달할 수 있다는 장점이 있다.

이처럼 중요한 것은 '오프라인이냐, 온라인이냐'가 아니라 '고객이 어떤 재료로 어떤 요리를 만들어 먹으며 즐거워할까'와 같은 본질적인 질문이 되어야 한다. 트레이더조가 어떤 제품(전 세계의 소스를 비롯한 식료품)을 어떻게(오프라인 또는 온라인) 고객에게 전달할까를 고민할 때, 우리는 '어떤'이 빠진 '어떻게'에만 집중하고 있는 것은 아닐까? 트레이더조 역시 온라인 시장을 공략해 지구 반대편인 한국에까지 식료품을 판매하고 있다. 그만큼 고객들이 트레이더조의 다양한 카테고리에 즐거움을 느끼고 있기 때문이다. 어쩌면 브랜드냐 아니냐는 팬이 있느냐 없느냐의 차이일지도 모르겠다. 그리고 그들은 누구보다 차이점을 발견하는 것을 좋아한다. 고객을 타깃으로 시장경쟁에만 매몰되지 말고 고객에게 차이점을 발견하는 즐거움을 전달하는 정확한 포인트가 있어야 브랜드는 성장할 수 있다.

패션 브랜드의 시작은 로고

우리가 해외에서 만나는 '입는 것' 중 가장 유명한 것은 어떤 브랜드일까? 전 세계에서 누구나 한 번쯤은 입어본 브랜드가 있을까? 아마 그런 브랜드가 있다면 한국에서도 많은 사람이 소비하는 나이키와 아디다스 정도일 것이다.

나는 유럽과 미국을 오가며 수많은 아디다스와 나이키 매장을 방문했다. 그중에서도 크게 인사이트를 받은 매장은 샌프란시스코 유니언스퀘어에 있는 곳이었다. 그곳은 박물관에 가까울 만큼 거대한 건물에 화려한 공간을 만들고 상품을 미술 작품처럼 하나하나 전시해두고 있었다. 커다란 전광판에서 빛나는 나이키와 아디다스의 로고를 보자 그들이 전하는 메시지가 매장 전체에 울리는 것 같았다.

의류 브랜드는 회사의 정체성이 그대로 표현된 디자인을 무척 중요하게 생각한다. 디자인만으로 브랜드가 곧바로 떠올라야 하기 때문이다. 하지만 스포츠웨어와 운동화라면 이야기가 달라진다. 누군가 뒷모습만으로는 디자인 차이가 없는 두 개의 후디자켓(러너들이 가볍게 입는 후드가 달린 트레이닝 자켓)을 두고 고민한다고 가정해보자. 그가 아디다스를 선택할지, 나이키를 선택할지는 왼쪽 가슴에 어떤 마크가 붙어 있느냐에 따라 달라진다. 스포츠웨어와 운동화는 기능성에 목적을 두고 제작하지만, 잘 알려진 브랜드의 제품이라면 품질은 어느 회사 할 것 없이 자신들만의 기술력으로 뛰어나기 때문이다. 그들은 품질이 아니라 유사한 디자인에 강렬한 인상을 주기 위한 포인트를 두고 싸우는지도 모른다. 그 포인트가 되는 로고는 많은 것을 대신 설명하고 있다. 회사가 추구하는 바를 설명할 수도 있고, 타깃의 성향을 대신 설명할 수도 있다.

스포츠 팬이라면 누구나 아는 것처럼 아디다스와 나이키는 오랜 시간 브랜드 전쟁을 치러왔다. 그들은 전쟁에서 이기기 위해 상품 대신 고객들에게 자신의 로고를 끊임없이 반복해서 보여주며 경쟁해왔다. 어쩌면 이들은 아이템보다는 여전히 로고를 내세워 싸우고 있는지도 모른다.

브랜드의 처음 시작은 로고, 곧 BI^Brand Identity를 만드는 것이다. 판매하고자 하는 아이템을 이미지로 각인시켜줄 로고는 모든 회사의 최초의 상품이다.

세 개의 줄이 아디다스를 대신 표현하는 이유

아디다스는 스포츠 의류와 신발을 만드는 독일 회사로 지금은 스포츠 패션의 글로벌 브랜드가 되었다. 아디다스의 창립자 아돌프 다슬러는 직접 신발을 만들어 창업한 것으로 유명하다. 그가 신발을 만들 수 있었던 건 신발 공장에서 봉제 기술자로 일하던 아버지와 세탁소를 운영하는 어머니를 둔 덕이었다. 그는 내구성이 강한 운동화를 만들고 싶다는 생각으로 개발자의 자세로 상품을 개발하며 아디다스를 시작했다.

아디다스의 로고는 회사의 역사에 따라 여러 모양으로 바뀌었는데 특이하게도 다슬러의 의견에 따라 지난 로고도 다양한 상품에서 여전히 쓰이고 있다. 아디다스는 로고의 변천사만 살펴봐도 회사의 당시 비전이나 특징을 관찰할 수 있다.

1949년의 아디다스의 로고는 'adidas'에서 d와 d 사이에 운동화를 그려 넣은 형태였다. 여기에 창업자의 이름을 상단에 넣어 직접 만든 운동화에 대한 자부심을 표현했다. 다슬러는 운동선수를 위한 운동화를 만들기 위해 끊임없이 개발에 매진했다. 날렵한 움직임에 도움을 주기 위해 그동안 딱딱한 가죽으로 만들던 밑창을 걷어내고 가벼운 고무를 사용한 운동화를 최초로 제작했다. 가죽으로 징을 박은 축구화를 개발해 특허를 따내기도 했다. 그 노력을 상징하는 운동화를 로고에 담고 자신의 이름도 새겨 넣은 것이다. 오랫동안 운동화만을 만들어 온 그에게는 자부심이었지만, 상표로서는 힘이 없어 이 첫 번째 로고는 금세 사라졌다.

아디다스의 상징인 세 개의 선의 유래에는 여러 이야기가 존재한다. 원래 두 줄이었다가 아돌프와 함께 회사를 운영하던 형 루돌프 다슬러가 푸마를 창업하고 갈라서면서 세 개의 줄이 되었다는 이야기가 가장 대표적이다. 어찌 되었건 굵은 세 개의 줄은 운동화를 단단히 고정하

—— 1949년의 아디다스 로고

기 위해 박음질한 부위가 세 개의 줄로 나타나자 그곳에 검은색 선을 넣으면서 생겨났다. 아디다스는 이런 신발의 특징이 다른 운동화와 차이가 있는 디자인이라 여기고 이를 아디다스의 시그니처로 만들기 위해 로고로 상표 출원했다. 그러자 사람들은 아디다스를 '세 개의 줄무늬 회사'라고 불렀고 다슬러는 그 말을 좋아했다고 한다. 사람들이 굵은 세 개의 줄만 보아도 아디다스를 연상한다는 건 당시부터 완벽한 브랜딩이 되었다는 뜻이다.

그 후 1971년 '트레포일'이라는 아디다스 로고가 제작되었다. 이 로고는 현재까지 사용되고 있는데, 이 BI의 모양을 보면 당시 아디다스의 마케팅 전략이 그대로 드러난다. 아디다스는 1972년 뮌헨 올림픽을 앞두고 월계수 잎을 상징하는 로고를 제작해 스포츠와 관련된 브랜드임을 내세우고 선수들에게 아디다스 운동화를 협찬했다. 본격적으로 스타플레

—— 1971년에 제작된 아디다스 로고, 트
레포일

이어 마케팅을 시작한 것이다. 이 로고는 현재까지도 아디다스의 패션 의류에 활발하게 사용되고 있다.

현재 샌프란시스코 유니언스퀘어 간판에 사용되는 산 모양의 로고는 가장 많이 사용되고 있는 로고다. 이 로고가 만들어진 1991년에는 아디다스 내부에 큰 변화가 있었다. 아디다스는 올림픽을 통해 세계적으로 알려지고 스포츠 선수들에게 인정받는 브랜드가 되었지만 대중을 위한 새로운 아이템 개발에는 늑장을 부렸다. 트렌드에 뒤처진 틈을 타 나이키가 아디다스의 자리를 치고 올라왔다. 결국 1990년 아디다스는 다슬러 가문에서 베르나드 타피로 경영진이 교체되었다.

—— 1991년에 제작된 아디다스 로고. 현재
까지 사용되고 있다.

짧은 시간에 로고가 여러 형태로 바뀌었다는 건 나름대로 브랜딩을 반복해서 시도한 것이다. 그간 아디다스는 나이키에 비해 단단하고 안정감 있는 이미지로 스포츠 용품으로서의 활동성이 다소 떨어지는 느낌이었다. 경영인이 바뀌고 이전과는 다른 산뜻한 이미지를 찾는 만큼 아디다스는 삼선의 엠블럼을 변형하고 싶어 했다. 그 연장선에서 세 개의 선을 산 모양으로 만들기도 하고 둥근 지구를 고양이의 날카로운 손톱처럼 표현하기도 했지만, 다시 2005년에는 경영이 안정화되면서 본연의 삼선 로고로 재디자인하게 된다.

한편 지금까지 만들어진 로고를 모두 혼합해서 사용하고 있는 건 아디다스의 정체성을 지키겠다는 회사의 의도도 숨어 있다. 로고가 변형되는 동안 아디다스는 신발 브랜드에서 힙합 스트리트 패션을 주력으로 하는 패션 브랜드로 성장했다.

아디다스는 유럽에서만은 나이키보다 브랜드 점유율이 높다. 전 세계 시장에서 독점을 누렸던 과거의 영광은 사라졌지만, 나이키와 경쟁하며 스포츠 패션 브랜드로 여전히 사랑받고 있다. 2018년 오프라인 매장을 줄이고 온라인 매출에 집중하겠다는 포부를 밝힌 아디다스가 앞으로 어떤 로고를 발표할지 궁금해진다. 그만큼 아디다스 로고는 회사를 대신해 많은 이야기를 해주고 있다.

최고의 보상을 받은 나이키 로고 디자이너

나이키의 로고에는 재미있는 일화가 있다. 나이키 창업자 필 나이트는 그래픽 디자인을 전공한 대학생이었던 캐럴린 데이비슨에게 BI를 의뢰했다. 그는 시간당 35달러(한화 약 4만 원)로 비용을 책정하고 로고를 제작하게 했다. 쉽게 말해 시간제 알바를 써서 로고를 제작한 것이다.

'블루리본스포츠Blue Ribbon Sports'라는 이름으로 회사를 창업한 필 나이트는 당시 미국 운동화 시장에서 점유율이 높았던 아디다스를 뛰어넘는 브랜드를 만들어야겠다고 생각했다. 그는 회사의 이미지를 바꾸기 위해 가장 먼저 사명을 그리스 신화에 나오는 승리의 여신 니케Nike에서 따온 나이키NIKE로 바꿨다. 그는 집요하게 아디다스를 견제하며 데이비슨에게도 '아디다스와 다른 포인트'를 잡아달라고 요청했다. 데이비슨은 아디다스보다 역동적인 움직임이라는 이미지를 살려 니케의 날개 모양을 본뜬 나이키 로고 스우시Swoosh를 만들었다.

그런데 막상 스우시를 본 나이트는 고개를 갸우뚱했다. 그는 고민에 빠졌지만, 멕시코 공장에서 신발 상자를 인쇄하기 전 로고가 오기만을 기다리고 있었던 참이어서 어쩔 수 없이 그대로 로고를 쓰게 되었다. 나이트는 스우시를 사용하며 데이비슨에게 자기 손에서 이 로고가 자랄 것이라고 말했다고 한다.

—— 나이키의 로고, 스우시

그 후 나이키는 말 그대로 폭풍 성장했다. 1970년대 이후 미국에는 조깅 문화가 생겨났고 나이키는 이런 흐름을 포착해 러너들을 위한 운동화를 만들어 엄청난 인기를 끌었다. 반대로 전문 스포츠에 주력했던 아디다스는 러닝화를 만들지 않았다. 얼마 후 나이키는 마이클 조던과 함께 브랜딩 광고를 제작한 뒤 미국에서 가장 사랑받는 브랜드가 되었다. 미국의 운동화 시장에서 나이키의 영역은 점차 커져갔다. 나이키가 스포츠는 작은 일상에서 행동하는 것이라는 'JUST DO IT'이라는 메시지로 TV 광고와 브랜딩을 시작하자 그 힘이 더욱더 강해졌다. 영국의 일간지 〈인디펜던트Independent〉에서는 광고계에서 전설로 불리는 전 세계의 대표 로고를 조사했는데 맥도날드의 골든 아치와 애플의 한 입 베어 문 사과 아이콘, 나이키의 스우시 등이 꼽히기도 했다.

나이트는 스우시가 나이키 브랜드를 각인시키는 데 큰 역할을 했다고 판단하고 데이비슨을 위한 깜짝 파티를 준비했다. 데이비슨의 기억에 따르면 1983년 9월 그는 나이트의 점심 식사에 초대받았다. 나이키에서 함께 일했던 몇몇 사람들과 나이트가 함께 모인 자리였는데, 거기에서 스우시 모양의 다이아몬드가 박힌 금반지와 나이키 주식 증여권이 담긴 봉투를 선물로 받았다. 주식은 총 500주였다. 그녀는 로고 하나의 가격으로는 엄청난 보상이었다고 그때를 회상했다. 한동안 나이키에서 일하던 데이비슨은 나이키가 모든 디자인을 외주 업체로 넘기자 다른 회사로 이직했다.

나이키의 끊임없는 성장은 로고 전쟁에서부터 시작됐지도 모른다. 나이키에게 아디다스와 같은 큰 기업이 경쟁사였던 것은 중요한 자극이었다. 항상 아디다스와 다른 선택을 하면서 문제점을 개선하고 시행착오를 겪으며 성장한 것이다. 아디다스와 다른 선택의 시작은 로고였다. 내구성이 강하고 안정적이고 튼튼한 아디다스의 이미지와는 다른 역동적이고 날렵한 디자인을 시도한 것에서부터 차별점을 두었다. 운동을 올림픽과 축구와 같은 거대한 스포츠 게임으로 인식하던 아디다스와는 다르게 나이키는 운동이란 일상에서 누구나 즐기는 경험이라는 인식으로 바꿨다. 그 차이의 시작이 현재의 나이키가 스포츠 브랜드로 전 세계 1위의 자리까지 가게 만든 것이다. 아디다스와 나이키는 여전히 시장에서 엎치락뒤치락하며 전쟁 중이다. 앞으로 변화해갈 그들의 새로운 로고 역시 기대된다. 그들의 로고는 곧 브랜드의 생각이기 때문이다.

브랜드의 첫 그림 그리기

브랜드의 첫 시작은 바로 BI를 만드는 것이다. 막 태어난 신생 회사든 업력은 오래되었지만 새로운 이미지를 만들어내고 싶은 회사든 출발점에서는 모두 BI부터 작업하기 마련이다. 하지만 로고만 만들었다고 해서 회사의 문제가 해결되지는 않는다. 더구나 브랜드를 홍보할 여력이 없는 작은 회사일수록 단순히 BI를 바꾸는 것만으로는 고객에게 인상을 남기지 못한다.

회사의 본질은 그 회사가 제공하는 서비스에 있다. 회사를 새롭게 바꾸고 싶다면 문제점을 빠르게 파악하고 고객이 원하는 바에 맞게 개선하는 게 우선이다. 하지만 개선 작업을 마치면 새로운 이미지를 전달하기 위해 브랜드 로고에 회사의 비전을 제대로 담아내야 한다.

우리는 매일같이 수많은 브랜드 로고를 본다. 핸드폰 화면에 잔뜩 깔린 애플리케이션 아이콘은 모두 그 회사가 제공하는 서비스의 이미지를 대신한다.

회사가 로고를 만들 때는 몇 가지 방법을 사용한다. 먼저 브랜드 컬러를 선택하고, 다음으로 텍스트를 쓸지 이미지를 쓸지 결정한다. 이미지 BI는 고객에게 스스로 서비스를 상상하게 하는 힘이 생긴다는 장점이 있다. 더욱 오래 기억에 남기 때문에 해외에서는 도형 이미지로 BI를 만드는 경우가 많다. 반면 텍스트 BI는 서비스 명칭을 전달하는 힘이 있어서 한국처럼 직관적인 것을 좋아하는 나라에서 많이 사용하기도 한다. 스타일을 정하고 나면 가장 유사한 서비스의 이미지를 관찰해 나이키처럼 차이점을 담아내려고 노력한다.

나 또한 셀러문을 시작할 때 가장 먼저 BI부터 만들었다. 디자이너와 나는 '해외 쇼핑'을 떠올릴 만한 상징적인 이미지가 무엇이 있을까 고민했다. 그때 디자이너가 캐리어를 연상했다. 마트에서는 카트를 끌고 쇼핑을 하지만 해외에서는 캐리어를 끌며 쇼핑을 하기 때문이다. 그리고 이러한 경험은 누구에게나 한 번쯤은 있을 것이다. 우리는 이 느낌을 살리자고 합의를 하고 셀러문의 'S'와 '문' 이미지를 합쳐 캐리어 픽토그램 같은 셀러문 로고를 형상화했다.

브랜드는 고객이 스스로 기억해주기 전까지 브랜딩이 되었다고 쉽게

—— 셀러문 로고의 작업 과정

이야기할 수 없다. 다만 우리가 서비스 기초를 잡아갈 때 이런 설계가 서비스의 목적을 만들어가는 데 도움이 되었음은 분명하다. 셀러문 또한 직구 시장의 영역을 확보하며 브랜드로 성장하길 기대해본다.

한 번쯤 겪어봤거나

—— 커피를 마시는 이유와 앉을 자리를 찾는 이유 ——

누구나 한 번쯤 겪어본 이야기를 해보자. 우리는 매일 아침 커피를 마시고 어딘가에 앉아 생각을 한다. 커피와 의자는 생필품이 아니면서도 삶에서 매우 중요하다.

커피 하면 모두가 알고 있는 브랜드가 있다. 바로 스타벅스다. 그동안 전 세계를 여행하며 어디에서든 스타벅스를 만날 수 있었다. 한국에서 이미 익숙해진 브랜드를 해외에서 만나는 건 매우 신이 나는 일이다. 낯선 여행지의 생소한 언어로 불편해하다가도 잠시 스타벅스에 들르면 익숙한 분위기에 금세 긴장이 풀린다.

또 우리가 모두 아는 대표적인 의자 브랜드가 있다. 바로 이케아다. 이케아의 암체어는 호텔과 해외 카페에서 많이 만나보았는데 주로 유럽에서 볼 수 있었다.

한 번쯤 겪어본 브랜드란 한국에서 먼저 경험했지만 해외에서도 쉽게 만나는 브랜드다. 이런 브랜드를 해외에서 만나면 새로운 시각으로 보게 된다. 일상에서 자주 접했기 때문에 깊이 있게 분석하기 쉽기 때문이다. 아는 브랜드인 만큼 다른 상황에 놓인 브랜드의 다른 면모를 보고 기억해두었다가 나만의 브랜드를 만들 때 착안할 수 있다. 그래서 우리는 한국에서 이미 경험한 브랜드라 하더라도 해외에서 새롭게 체험하기 위해 노력하는 것이 좋다. 그 브랜드를 더 정확하게 이해하는 기회가 되기 때문이다.

지금부터 북유럽에서 만난 카페와 가구 브랜드를 소개하겠다. 그들이 커피를 마시는 이유와 앉을 자리를 찾는 이유가 우리와는 조금 달랐기 때문이다.

커피 이야기에서는 스타벅스와는 다른 북유럽 커피 브랜드를 소개한다. 의자 이야기에서는 누구나 아는 것처럼 북유럽 디자인을 합리적인 가격에 제공한 이케아의 성장 이면에 숨은 의자에 대한 핀란드인의 태도를 짚고 넘어가려 한다. 브랜드의 시초를 알아보는 것도 브랜드를 만들어내는 데 매우 중요한 요소이기 때문이다.

　같은 커피를 마시는데도 서로 다른 향을 느끼고, 같은 의자에 앉지만 서로 다른 생각을 한다. 우리는 커피를 어떻게 마시고 있으며 지금 어디에 앉아 어떤 생각을 하고 있을까?

우리가 커피를 마시는 이유

스타벅스에서 오래 앉아 작업해본 사람이라면 알 수 있을 것이다. 사람들로 발 디딜 틈 없이 매장이 붐비는 점심시간에 스타벅스의 화장실을 가보면 대체로 텅 비어 있다. 반면 매장이 허전할 만큼 드문드문 앉아 작업하는 몇몇 사람들만 있을 때는 화장실에서 항상 기다려야 한다. 분명 화장실 같은 공용 공간은 밀집도에 따라 사용 빈도가 달라지는데 이곳만큼은 신기하게도 정반대다. 이유가 무엇일까?

　이곳을 찾는 사람들의 목적이 각각 다르기 때문이다. 누군가는 식사나 업무를 위한 공간으로 스타벅스에 머물고, 누군가는 각성제가 필요해 커피만 사서 곧바로 매장을 떠난다. 사람들이 커피를 마시는 이유가 모두 다르므로 스타벅스에 북적이는 사람의 수와는 별개로 내부 공간 이용자가 많기도 적기도 하는 것이다.

　스타벅스가 사람들에게 제공하는 서비스는 당연히 커피다. 하지만 그들이 이 매개체로 어떻게 수익을 얻느냐는 다른 문제다. 어떤 사람은 스타벅스의 성공을 집과 회사 밖의 '제3의 공간'에서 찾고, 어떤 사람은 다른 커피보다 진한 맛에 중독되었기 때문이라고도 한다. 물론 스타벅스의 성공을 하나로 압축해서 설명할 수는 없을 것이다. 그런데 나는 성공의 이유가 분명해 보이는 커피 브랜드를 북유럽 여행 중에 만난 적이 있다. 스타벅스는 유럽에서 인기가 없는 걸로 유명하다. 한국에서처럼 일상을 파고들 만큼 안착하지는 못한 것이다. 그 이유는 북유럽에는 그들만의 방식으로 즐기는 독자적인 커피 문화가 있기 때문이었다.

　나는 북유럽을 여행하면서 커피를 마실 때마다 새로운 경험을 하는 기분이었다. 그곳의 커피 맛도 익숙하지 않았고 커피를 마신다는 행위가 우리가 이해하는 것과 전혀 달랐기 때문이다. 북유럽에서 처음 보는 커피 브랜드를 경험하는 것은 커피를 마시는 이유를 완전히 새롭게 알아가는 과정이었다.

북유럽 사람들이 커피를 마시는 방법

　노르웨이 오슬로를 여행할 때 일이었다. 시내 중심가에 있는 시청사로 가는 길에 갑작스러운 비를 만났다. 그때 '시어터 카페Theater cafeen'라는 간판을 보고 무작정 건물로 들어갔다. 잠시 커피나 마시며 비를 피할 생각으로 들어간 곳에서 깜짝 놀라고 말았는데, 분명 간판에 카페라고 적혀 있었음에도 내부에 웅장한 레스토랑이 펼쳐졌기 때문이다.

—— 노르웨이 시어터 카페. 한쪽 벽면에는 이곳을 방문한 유명 인사들의 초상화가 걸려 있다.

오슬로 시어터 카페는 인스타그램에 사진 정보가 많은 핫플레이스다. 이곳은 오슬로의 국립극장 맞은편에 위치해서 관람객과 연기자 들이 공연이 끝난 뒤 찾는 장소로 유명해졌다. 전 세계 유명인사들도 오슬로에 오면 꼭 방문할 만큼 인기가 많다. 이름은 시어터 카페지만 사실은 미쉐린 가이드에서 별을 받을 만큼 유명한 레스토랑이다.

내가 방문했을 때는 늦은 오후라 식사를 하는 사람은 없었고 커피를 마시며 페이스트리 같은 간식을 먹는 사람이 많았다. 그들은 식사하듯 커피를 정성 들여 천천히 마시며 이야기를 나누고 있었다. 나도 그들을 따라 뜨거운 블랙커피를 마셨다. 상상하지 못한 진한 맛에 깜짝 놀라 크림을 섞어보았지만, 농도 때문인지 잘 섞이지 않았다. 이탈리아에서 마셨던 에스프레소의 깊은 맛과는 또 다른 맛이었다. 산미나 떫은맛은 거의 나지 않았고 생생한 원두 향과 함께 아주 진하고 부드러운 맛이 느껴졌다. 새로웠지만 그 구수함이 인상 깊었다.

카페와 레스토랑이 혼재된 이 공간은 북유럽 사람들의 음식 문화에 대해 많은 것을 설명해준다. 노르웨이인들은 하루에 보통 네 번 식사한 다고 한다. 이들은 하루 중 한 번 오후 4시에서 6시 사이에 '미다그'라는 따뜻한 식사를 푸짐하게 즐기고, 그 외에는 중간중간 자유롭게 차가운 생선요리를 먹거나 샌드위치와 페이스트리에 커피를 곁들이는 간단한 식사를 한다. 그러니까 이들에게는 늦은 오후의 커피와 달콤한 디저트도 식사의 일부가 되는 것이다.

노르웨이의 식문화가 커피를 마시는 것과 음식을 먹는 것이 혼재되 어 있어 시어터 카페라는 이름의 레스토랑은 이들에게 이상하게 느껴지 지 않은 것이다. 그들은 커피와 디저트를 즐기는 순간도 식사로 여기며 긴 겨울을 버티기 위한 열량을 아주 충실히 채우고 있었다.

에스프레소 하우스, 가벼운 점심 식사를 위해 들리는 곳

국제커피협회에 따르면 나라별 1인당 연간 커피 소비량에서 핀란드 와 스웨덴, 노르웨이, 덴마크가 모두 5위 안에 들어 있다. 해마다 조금씩 엎치락뒤치락하지만 핀란드는 부동의 1위고, 다른 국가들도 7위권을 벗 어나지 않는다. 추운 겨울을 견디는 북유럽 사람들의 커피 소비량이 가 장 높다는 뜻이다. 1년의 4분의 1은 백야를 겪어야 하고, 밤이 긴 겨울에 는 어두운 일상에 익숙해져야 하기 때문에 커피를 마시며 몸의 에너지를 채우는 것이다.

에스프레소 하우스Espresso House는 스웨덴의 커피 브랜드다. 이곳은 이탈리아와 미국의 영향을 받아 1996년 스웨덴의 두 번째 도시 예테보리에서 작은 카페로 시작했다. 스웨덴 사람들은 커피를 무척 좋아하지만, 스웨덴에는 오랫동안 '커피' 하면 떠오를 만한 대표적인 브랜드 공간이 없었다. 집에 있기를 좋아하는 그들의 성향 때문이기도 했고, 식문화 때문에 커피만을 위한 카페가 어색한 것도 있었다.

스웨덴에는 '피카'라는 시간이 있다. 추위를 견딜 열량을 만들기 위해 식사와 식사 사이에 따뜻한 커피와 달콤한 디저트를 먹는 휴식 시간이다. 그래서 그들이 그동안 생각했던 카페는 케이크가 있는 디저트 가게나, 레스토랑과 카페가 혼합된 형태였다. 에스프레소 하우스는 스웨덴 사람들이 커피를 어떻게 마시는지 관찰한 끝에 커피만을 위한 공간이 아니라 음식 메뉴를 함께 판매해야 한다고 판단했다. 그들이 생각하기에 북유럽에서 커피는 음식과 함께 곁들여야 하는 수프와도 같았다.

에스프레소 하우스는 이런 일상의 문화를 고려해 메뉴를 설계했고, 커피와 함께 먹을 수 있는 샌드위치, 페이스트리, 크로와상 같은 메뉴를 개발했다. 그리고 어떻게 하면 질 높은 음식을 제공할 수 있을까 고민했다. 그래서 그들은 말뫼에 베이커리 공장을 만들고 이곳에서 직접 빵을 구워 카페에 공급하기 시작했다.

에스프레소 하우스는 카페를 홍보할 때 마치 레스토랑이나 베이커리처럼 음식을 강조한다. 그만큼 직접 만드는 메뉴에 자부심이 높다. 특히 북유럽 사람들이 평소 좋아하는 페이스트리에 신경을 썼는데 한 겹, 한 겹 손으로 만든 페이스트리에 코코넛 초콜릿을 발라 가장 맛있는 상태일 때 매장으로 내보낸다. 에스프레소 하우스 커피가 유명해지는 데는 이 페이스트리가 한몫했다.

그들은 미국형 카페 같은 공간을 제공하면서도 스웨덴 사람들이 이곳을 신선하고 품질 좋은 음식을 제공하는 곳으로 기억하길 바랐다. 그런 노력의 하나로 에스프레소 하우스는 맛을 보장하기 위해 기업 소유의 직영점만 운영한다. 북유럽 사람들은 생두를 약하게 볶아 커피 고유의 맛을 살리는 것을 선호하는데 이런 취향에 맞는 진하고 부드러운 맛을 내려면 최상급 원두를 사용하는 동시에 통제된 로스팅 기술이 필요했다. 덕분에 음식뿐 아니라 커피의 맛도 보편적으로 풍미가 높아졌다.

스웨덴에서 출발한 에스프레소 하우스는 이제 북유럽 전역으로 퍼져 일상을 보내는 중요한 공간이자 북유럽에서 가장 큰 커피 체인이 되었다. 스웨덴뿐 아니라 노르웨이, 덴마크, 핀란드까지 400여 개 이상의 매장이 운영 중임에도 여전히 모든 음식과 커피를 스웨덴에서 중앙관리 시스템으로 감독하고 있다.

에스프레소 하우스의 문을 열고 들어가면 커피 향보다는 갓 구운 빵 냄새가 난다. 스타벅스와 같은 미국형 카페를 닮은 듯하면서도 북유럽만의 특별한 정취가 느껴진다. 이들은 자신의 브랜드를 만들기 위해 보편성과 확장성이 있는 미국 브랜드를 벤치마킹하는 동시에 지역의 환경적

——— 스웨덴의 스톡홀름에서 가장 처음 만난 카페, 에스프레소 하우스

요소를 관찰하고 적절히 활용했다. 그들은 에스프레소 하우스를 '커피와 커피 그 이상의 충전재'라고 부르며 북유럽 사람들에게 더욱 사랑받길 원하고 있다.

과일 가게에서 마시는 진한 라테

조앤더주스JOE&THE JUICE는 이제 한국에서도 흔히 보이는 카페다. 이곳에서는 물과 설탕 없이 오직 과일로만 만든 주스를 면역력 키트처럼 판매하고 있다.

한국의 압구정이나 코엑스에서 봤던 조앤더주스를 스웨덴 여행 중 스톡홀름에서 만났다. 익숙한 브랜드라 발견하자마자 반가운 마음에 카페에 들어서 한국과 무엇이 다른지 찬찬히 살펴보았다. 과일을 갈기 위한 활기찬 기계 소리는 여전하다. 다만 한국 매장보다는 훨씬 중후한 카페 같은 공간이었다. 또 다른 특이한 점은 라테를 컵의 색상에 따라 옐로

라테, 핑크라테, 그레이라테로 구분해 판매했다. 한국에서는 랜덤으로 컵에 담아 주는 것과 방식이 달랐다. 주스를 마셔보고 싶었지만, 여행으로 몸이 고단했던 탓에 옐로라테를 시켜 한 모금 마시는데 정신이 살아나는 것처럼 진한 에스프레소 맛에 깜짝 놀랐다.

북유럽을 여행하면서 블랙커피에 익숙해졌지만 이렇게 진한 에스프레소는 처음이었다. 보통 카페라테는 에스프레소 위에 따뜻한 우유를 넣기 때문에 커피 맛을 그대로 느끼기는 힘들다. 하지만 이들이 만들어준 카페라테는 우유의 부드러움을 그대로 유지하면서 진한 에스프레소의 향과 맛이 우유를 뚫고 올라왔다.

한국에서 처음 조앤더주스를 방문한 사람들은 이곳이 주스 가게인지, 카페인지, 샌드위치 가게인지 의아해한다. 심지어 〈블룸버그〉에 공개된 조앤더주스의 기업정보를 보면 '제한된 서비스 레스토랑'이라고 기재되어 있다. 도대체 이곳의 정체성을 어떻게 판단해야 할까?

조앤더주스를 설립한 카스파 바스는 독특한 이력의 소유자다. 그는 덴마크 출신의 가라테(일본 무술) 챔피언이었다. 운동선수답게 항상 몸의 균형을 잡는 데 집중했고 신선한 주스를 즐겨 마셨다. 그는 일찍부터 사업을 하고 싶다는 생각으로 20대 후반이었던 2002년에 덴마크 코펜하겐에 조앤더주스를 창업했다. 그는 모든 인터뷰와 회사 홈페이지에서 조앤더주스는 미국의 스타벅스와 잠바주스Jamba Juice에 영감을 얻어 만든 카페라고 말했다. 덴마크의 카페는 전통적인 디저트 카페와 안락한 소파가

——— 스톡홀름에서 마신 옐로라테와 조앤더주스 내부. 스웨덴 사람들의 취향을 고려한 내부 분위기가 밝은 이
미지의 한국 매장과는 다르다.

있는 개인 카페가 대부분이었는데, 그는 주스와 같은 신선한 음료를 판매하며 간단하게 점심 식사까지 할 수 있는 카페를 만들고 싶었다. 또한 젊은 층이 진부한 레스토랑 대신 스타벅스처럼 이곳을 찾길 바라며 간단한 메뉴도 연구 개발했다. 거기에 더해 스타벅스의 모든 매장에 같은 음악이 흐른다는 것에 착안해 조앤더주스의 모든 매장에서도 같은 음악을 틀었다. 다만 조앤더주스만의 독특한 분위기를 위해 북유럽 젊은 층이 자주 듣는 유럽 팝과 경쾌한 음악을 선곡했다. 또한 스타벅스가 모든 직원을 파트너로 대우하듯 조앤더주스 또한 직원 교육에 투자하고 그들과 함께 즐거운 파티를 여는 등 적극적인 소통으로 소속감을 키워주었다.

바스는 스타벅스와 잠바주스의 콘셉트를 일부 가져왔지만, 전반적으로 북유럽 사람들의 식문화와 커피 문화에 맞춰 메뉴를 새로 개발했다. 스타벅스에서 따온 것은 메뉴보다는 가맹점 운영 방식과 시스템이었다.

조앤더주스는 유기농 재료로 만든 커피와 차, 스무디, 주스, 샌드위치, 샐러드까지 판매하고 있다. 〈블룸버그〉에서 레스토랑이라고 소개할 만큼 간단한 식사를 즐기기에 손색없는 곳이다. '채소 샷'이라 불리는 주스는 북유럽 사람들에게 커피의 대안이 되었다. 신선한 느낌을 더욱 살리기 위해 매장에 당근과 셀러리 같은 채소나 사과와 오렌지와 같은 과일을 풍성하게 전시하고 이를 직접 갈아내는 모습을 보여준다.

이런 노력 끝에 조앤더주스는 스칸디나비아 전역으로 빠르게 퍼져나갔다. 지금은 샌프란시스코를 포함해 미국과 네덜란드, 홍콩, 한국까지 열다섯 개 국가에 300개 이상의 매장을 가진 글로벌 브랜드가 되었다.

바스는 미국 진출을 앞두고 스타벅스를 염두에 둔 발언을 많이 한 것으로 유명하다. 자신의 성장을 스타벅스의 영향으로 돌리며 존경의 태도를 보이는 동시에 부정적인 생각도 스스럼없이 말한다. 스타벅스는 건강한 음식에 대한 연구가 없고 메뉴를 빠르게 만들어내야 하기 때문에 역동적인 느낌이 없다는 것이다. 스타벅스는 단지 커피만을 팔고 조앤더주스는 다양한 것을 팔 수 있다는 자부심을 내비치기도 했다.

굿즈 팬으로 만들어진 새로운 브랜드

에스프레소 하우스와 조앤더주스에는 공통점이 있다. 커피 문화가 어느 나라보다 일상에 깊게 자리했음에도 그 나라를 대표하는 커피 브랜드가 없다는 것에 아쉬움을 느껴 만들어졌다는 것이다. 그들은 각자 잘하는 영역에 집중해 브랜드를 만들었다. 두 회사 모두 스타벅스에서 시스템을 가져온 후 자신들만의 새로운 문화를 접목했다는 것 또한 유사한 점이다.

스타벅스는 지금까지 성공 스토리를 쌓아 올리며 전 세계인의 손에 스타벅스 잔을 들게 했다. 그렇다면 지금 우리는 한국 커피 시장을 어떻게 이해하고 스타벅스와 다른 브랜드를 만들어내야 할까? 아직까지 우리나라의 커피 브랜드들은 차별화 없이 스타벅스처럼 커피만 만들어내는지도 모른다.

그런데 사실 스타벅스에서는 커피만 팔지 않는다. 작년 여름 스타벅스는 작은 캐리어 모양을 한 '레디백' 열풍으로 또 한 번 이슈가 되었다. 사람들은 레디백을 사기 위해 프리퀀시 쿠폰을 모으고 스타벅스가 문을 열기도 전부터 길게 줄을 서 있기도 했다. 셀러문에도 '전 세계 스타벅스 모음'이라는 추천 카테고리가 있지만, 거기에 원두는 없다. 스타벅스는 텀블러와 레디백 같은 아이템을 나라마다 다르게 디자인해서 맞춤형으로 생산하고 있다. 이처럼 스타벅스는 나이와 취향과 국가를 뛰어넘어 전 세계 커피 고객의 의존성을 점점 더 높이고 있다.

토종 커피 브랜드에서도 나름대로 자구책을 찾고 있다. 대표적인 예가 할리스커피다. 스타벅스에서 공간을 제공한다는 요소에 착안해 전략을 바꾼 것이다. 할리스커피는 대학가에 매장을 늘리며 혼자서 공부할 수 있는 공간을 만들었다. 일부 매장에서는 스탠드와 책상 형태의 테이블을 두기도 했고, 또 다른 매장에서는 1인석을 만들어 독립적으로 시간을 보낼 수 있게 했다. 그러자 대학생들은 공부하기 위해 시끌벅적한 스타벅스 대신 할리스를 점점 더 많이 찾게 되었다. 팬층이 20대로 모이자 그들은 1년에 한 번씩 고객을 대상으로 '마이 딜라이트'라는 이름의 페스티벌을 난지한강공원에서 열기도 한다. 다양한 체험 활동과 가수의 공연으로 꾸며진 그곳은 자연스럽게 홍보의 장으로 활용된다. 이처럼 고객들의 호응과 공감을 유도하는 그들만의 브랜드 노력이 필요하다.

우리가 커피를 마시는 이유는 무엇일까? 커피가 필요한 이유에 집중하고 고객들에게 다양한 서비스를 제공한다면 우리도 우리만의 브랜드를 만들어낼 수 있을 것이다.

우리가 앉을 자리를 찾는 이유

북유럽에는 유명한 가구 브랜드가 많다. 북유럽에서 추운 겨울을 견디려면 실내 환경이 무엇보다 중요하기 때문에 가구 디자인이 발달했다는 이야기가 있을 정도다. 그들은 조명과 가구에 집중하면서 집 안에 오래 머물러도 지루하지 않을 디자인을 만들어야 했다. 그중에서도 의자라는 아이템은 그들이 가장 중요하게 생각하는 가구였다. 의자는 실내 어디든 배치가 가능하며 특별한 의자 하나만으로도 공간에 힘이 생겨난다. 집

안 곳곳에 앉을 자리를 두는 것은 개인적인 성향인 그들에게 완벽한 자기 자리를 만들어주는 것이었다. 그래서 북유럽 가구 디자인에는 1인용 기능성 의자들이 특히 많다. 한 예로 덴마크 모더니즘 디자인에 영향을 준 한스 베그네르는 생애 동안 500가지가 넘는 의자 디자인을 만들었다. 스웨덴 노르딕 민족사 박물관의 '가구 퍼레이드' 전시를 보자 북유럽의 가구 문화와 그들의 앉은 자리를 더욱 잘 이해하게 되었다.

앉을 자리가 중요한 이유

스웨덴 노르딕 박물관은 이제껏 내가 외국에서 보았던 박물관 중 가장 특이했다. 박물관은 보통 잘 보존된 유산을 수집해 보여주는 곳이다. 이 유산은 미술이 될 수도, 역사나 과학이 될 수도 있다. 스웨덴 노르딕 박물관은 민속학 박물관으로, 16세기부터 현재에 이르기까지 스웨덴과 스칸디나비아 사람들의 생활상을 수집하고 재현했다. 이곳에는 그들이 1562년에 사용했던 나무 숟가락 같은 생활용품과 2000년대 가구공예로 디자인된 의자들, 노동자부터 귀족까지 계급에 따라 입었던 다양한 의복과 식사 문화가 전시되어 있었다. 또한 스칸센 전시에는 사미족(스웨덴 북부 사람들)의 풍습이 수집되어 있었다. 이 전시는 과거에서 현재까지 이어지는 그들의 삶이 시간순으로 나열되어 있어 과거의 특정한 매개가 어떻게 현재로 이어졌는지 이해하며 관찰할 수 있어서 더 공감하며 보게 되었다.

특히 가구 퍼레이드는 오늘날 사용되는 북유럽 가구 브랜드의 역사를 지켜보는 것 같았다. 이들이 왜 앉을 자리에 집중했는지 역사적으로 어렴풋이 이해되었다. 19세기까지 귀족들의 주류문화에 머물러 있던 그들에게 소파와 의자는 권력과 힘의 상징이었다. 하지만 1900년대 이후 현대로 올수록 이런 가구들은 대중화되면서 개인의 정체성을 나타내는 도구로 변화했다. 캐주얼하고 무던하

—— 전시 안내판. '지난 400년 동안 스웨덴에서 집을 어떻게 꾸미고 살았는지에 대한 전시입니다'라고 써 있다.

면서도 신선한 현대식 디자인은 개인을 존중하는 형태로 진화했다. 다양한 색상과 모양으로 변해가는 가구를 보고 있자니 스웨덴 현대사로 시간여행하는 기분이 들었다.

　스웨덴 사람들의 가정생활을 그대로 재현한 방도 있었다. 1670년 스톡홀름 울브순다 성의 객실 모습부터 18세기 초 부부의 오두막을 재현한 공간과 18세기 스톡홀름의 양조장 거주지, 1950년대 아파트 거실 모습과 1976년 새로 지은 백만 프로젝트 아파트 모습까지 르네상스식 실내 디자인이 점차 현대화되는 과정을 시간순으로 보여주었다. 이들은 이 흐

—— 1900년대에 디자인된 의자와 가구

—— 스웨덴 디자이너 칼 웨스트먼이 1899년에 디자
인한 암체어

—— 화이트 컬러의 의자와 테이블, 작은 조명만으로
스웨덴 현대 생활공간을 연출했다.

름을 현대적 가구가 재배치되면서 나타나는 '재창조된 환경'이라고 표현
했다.

　'가구가 있는 세 개의 집'이라는 코너에는 20세기 스웨덴 일상에서

사용한 기능주의 가구와 주방을 재현했다. 그 전시는 이케아의 디자인 및 아이덴티티에 관한 다양한 서적을 적극적으로 참고했다고 써 있었다. 이 책은 노르딕 박물관 자료실에 보관하고 있기도 하다. 그들은 20세기를 대표하는 스웨덴 일상 소품을 이케아 컬렉션으로 꾸며두었다. 이케아 디자인이 그들의 일상생활에 영향을 끼친 것에 존경을 표하는 의미로 박물관 전시실을 꾸민 것이다.

또한 이곳에는 흰색 의자만을 모아둔 전시실도 있었다. 색은 같지만 모두 소재와 형태, 목적은 각각 달랐다. 다양한 디자인의 의자들이 뒤섞인 공간이 스웨덴 사람들이 의자를 바라보는 태도를 대신 설명하고 있는 듯했다. 이들에게 의자는 함께 모여 있을 때조차 자신을 독립적으로 지켜주는 가장 개인적 공간이었다. 박물관에서 스웨덴의 생활공간을 둘러보며 결국 스스로를 돌아보기 위해 그들은 앉을 자리를 찾고 자기만의 균형으로 만족스러운 상태를 유지하며 살아간다는 사실을 깨달았다.

모두에게 앉을 자리를 만들어 준 이케아

이케아는 합리적인 가격의 북유럽 디자인 가구를 제공한다. 그런데 왜 가격 면에서 합리적일까? 그 출발은 스웨덴의 현대사와 근접하게 맞닿아 있다.

이케아는 여느 북유럽 가구 브랜드와는 다른 것이 하나 있다. 브랜드를 설계하고 만든 사람이 예술가가 아니라는 점이다. 북유럽에서 가구 브랜드를 만든 사람들은 대부분 디자이너거나 건축가여서 다양한 형태로 공간을 창조한다. 핀란드 유명 브랜드 아르텍만 봐도 그렇다. 북유럽 가구 브랜드는 거장이 직접 만든 만큼 상품적 가치와 예술적 가치를 동시에 평가받아 가격 장벽이 높았다. 이에 비해 이케아 창립자 잉바르 캄프라드는 단순히 사업가였다. 그는 다섯 살 때부터 성냥개비를 팔았고, 시계와 펜을 수집해 우편 주문을 받아 팔기도 했다. 어부인 아버지에게 그물을 사라고 권유한 뒤 그물로 더 많은 고기를 잡게 되자 물고기 판매 수익을 아버지와 나눌 만큼 셈이 빨랐다.

그가 가구 시장에 뛰어든 것은 기회를 포착하는 예리한 눈 덕분이었다. 1960년 이후 스웨덴은 새로운 주택정책을 계획하고 있었다. 제2차 세계대전 이후 스웨덴은 갑작스러운 성장과 도시화로 주택이 부족해졌다. 이때 노동자와 저소득자들은 주거에 불안정을 겪으며 주택난에 부딪혔다. 스웨덴은 복지정책을 고심한 끝에 이들에게 도움을 주기 위해 '백만 프로그램'이라는 프로젝트를 시행했다. 10년 동안 100만 개의 주거시설을 건설해 주택난을 해결하고 이를 위해 국가 차원의 대출과 이자 감면 등 다양한 지원책을 마련했다.

아파트 100만 개를 세운다는 것은 집에 놓을 가구도 그만큼 필요하다는 말이다. 캄프라드는 이 상황을 기회로 보았다. 국가가 공급하는 아파트에 입주할 사람들은 가구를 비싼 가격에 살 수 없는 계층이었다. 당시 스웨덴 또한 디자인 가구는 특권 계층만 누릴 수 있는 고가의 상품이었고, 소득이 낮은 사람들은 품질이 낮은 수입 가구를 써야 했다.

캄프라드는 '많은 사람을 위한 더 나은 일상생활을 만들기 위해'라는 회사 비전을 세운 뒤 가구를 합리적인 가격에 만드는 데 집중했다. 그는 도시 외곽에 있는 공장에서 직접 가구를 판매하면 그만큼 유통비용이 줄어들고 가격을 낮출 수 있다고 생각했다. 그러자 배송 문제가 생겼다. 크기가 큰 가구가 배송되는 도중 손상되는 사례가 많아 추가 비용이 발생했다. 그래서 이케아는 '플랫 팩' 배송이라는 아이디어를 고안했다. 플랫 팩은 가구를 분리해 부피를 줄인 박스를 배송한 뒤 조립하는 개념이다. 다리와 테이블 상판을 분리시켜 이동하자 가구 손상의 위험도 줄어들고 효율적으로 유통할 수 있었다.

하지만 단순히 가격을 낮추기 위해 품질을 포기할 수는 없었다. 그는 줄어든 비용으로 익명의 숨은 디자이너들을 발굴해 누구나 가격을 감당할 수 있으면서도 디자인과 내구성이 좋은 의자와 가구를 생산했다. 그러자 이케아 가구는 백만 프로그램과 함께 스웨덴 전역에서 사용되었다. 특히 돈이 없는 신혼부부들이 이케아를 많이 찾았다. 자기들의 첫 공간을 이케아 가구로 채우면서 만족도가 커지자 경제력이 높아진 다음에도 이케아 가구를 찾게 되었다. 이 연장선에서 캄프라드는 아이를 위한 가구도 만들기 시작했다. 그들은 곧 아이를 낳을 테고, 아이를 위한 가구가 있다면 다시 이케아를 찾을 것이기 때문이다. 어린이용 의자와 테이블은 사람들에게 신선함을 안겨주었다. 당시에는 누구도 아이를 위해 가구를 만들지 않았다.

이케아의 디자인은 대체로 깔끔하고 기능적이다. 1920년 이후 스웨덴 건축에 모더니즘과 기능주의가 수용된 형태가 많았기 때문이기도 하지만 유독 이케아는 축소된 형태를 띤다. 이런 디자인은 창업자 캄프라드의 겸손함과 닮아 있을지도 모른다. 가격뿐 아니라 지나치게 화려하지 않은 디자인으로 모두를 배려했기 때문이다. 가격과 기능, 그리고 형태와 품질까지 좋은 상품을 꾸준히 생산하자 이케아는 스웨덴의 '민주적 디자인'이라는 별명을 얻었다. 캄프라드가 가난했던 어린 시절 가족을 위해 돈을 모으고 나누던 습관을 사업에도 똑같이 적용한 것이다.

캄프라드는 성공 후에도 비행기의 비즈니스석을 타지 않는 것으로 유명했다. 난독증이 있던 탓에 모든 가구에 사람 이름을 붙였지만, 그것을 부끄러워하지도 않았다. 이런 겸손함과 가구에 대한 애정이 전 세계의 고객에게 선택받는 브랜드를 만들어내게 했다.

지금도 여전히 이케아는 모두를 위한 디자인, 모두를 위한 가구를 위해 노력하고 있다. 과거에는 이 '모두'가 스웨덴 국민이었다면 지금은 세계인이 함께 살아가는 환경을 생각한다. 이케아는 재활용 소재를 사용해 기후변화에 대처하는 친환경 가구도 만들고 있다. 2015년부터 천연 코르크 소재로 스툴을 만들기도 하고 재활용된 폴리프로필렌 소재로 노란색 발판 계단을 만드는 등 지구에 도움이 되는 방법을 찾고 있다. 그들은 사회적, 환경적으로 지속 가능한 디자인을 제시하려고 한다. 이케아는 시작부터 지금까지 모두에게 앉을 자리를 마련해주는 것이 삶을 변화시킬 수 있는 작은 시작이라고 생각한 것이다.

한국에서 앉을 자리를 찾을 때

요즘은 한국 사람들 또한 이케아를 포함한 북유럽 디자인 가구를 선호하지만 불과 얼마 전까지만 해도 한국 가구 시장에서 의자는 중요한 아이템이 아니었다. 이건 한국의 가구 브랜드가 성장한 역사와도 관계가 있다. 한국을 대표하는 가구 브랜드 한샘은 초기에 주방가구로 성장했기 때문에 인테리어 생활가구에 대한 업력이 길지 않다. 우리가 아는 까사미아 또한 중저가 가구 시장에 안착하지 못해 줄곧 적자 상태였다가 신세계에 인수되기도 했다.

한국에서 가구 브랜드 시장이 저변을 넓히기 어려운 이유는 한국 소비자들이 수입 가구를 선호하기 때문이다. 불과 20년 전만 해도 이탈리아와 프랑스에서 수입한 가구들을 전시한 앤티크풍의 편집숍이 가구 시장을 잡고 있었다. 그러다 최근 10년간 세계 가구 포럼과 전시처럼 디스플레이된 쇼룸의 영향으로 북유럽 가구 브랜드에 대한 관심과 수요가 높아진 것이다. 그 과정에서 우리에게도 의자는 중요한 아이템이 되었다.

지금 우리가 새로운 가구 브랜드를 만든다면 어떤 전략이 필요할까?

최근 젊은 층에서는 가구를 살 때 유명한 디자이너 브랜드를 찾기보다 인스타그램을 먼저 확인해보는 습관이 있다. 인플루언서가 보여주는 공간에 놓인 가구와 소품을 직접 살 수 있는 1인 셀러 시장이 더욱 활성화되고 있는 것이다. 이 시장은 이미지와 영상만으로 고객을 유치해 상품을 유통하며 카테고리를 다양화하고 가구부터 인테리어 소품까지 고객들의 공감을 이끌어낸다.

이를테면 인플루언서 A씨는 자신이 완벽하다고 생각하는 공간을 꾸며놓은 뒤 그곳에서 먹고, 자고, 요리하는 모습을 관찰할 수 있게 매일 피드를 업데이트한다. 이미지로 보이는 공간은 아늑하고 행복한 공간으로 연출되어 그곳에 있는 탁자와 벽에 걸린 그림을 그대로 집으로 가져와 사용하고 싶게 만든다. 이미지를 클릭하면 상품 태그가 있고 결제까지 손쉽게 할 수 있다. 이런 판매자는 SNS에 헤아릴 수 없이 많고 각자의 개성도 뚜렷해 누구나 취향에 맞는 셀러에게 원하는 아이템을 얻을 수 있다.

SNS 판매 방식은 제한된 사각 이미지 안에서 주목받아야 하기 때문에 가구보다는 스탠드, 독특한 모양의 머그잔과 미니멀리즘 촛대 같은 작은 소품이 더욱 인기다. 어쩌면 북유럽 사람들이 자기를 표현하는 것이 의자라면, 우리에게는 소품이 아닐까 하는 생각마저 든다. 우리는 그들보다 작은 공간에 살고 있고, 아기자기한 걸 자유롭게 배치하며 자기만의 영역을 만들어내는 재주가 있기 때문이다. 더구나 인스타그램에서 보이는 가구와 소품은 1인 가구가 많아진 요즘 수요에 맞게 단순하면서도 독립적인 분위기를 자아내고 있어 트렌드에 걸맞으면서 실패 없는 선택이 되기도 한다.

가구는 곧 공간에 관한 이야기다. 내게 주어진 공간에서 어떻게 살아갈 것이냐 하는 문제는 우리가 가구와 소품과 같은 매개체를 선택하는 데 영향을 줄 수 있다.

한국에서 가구 브랜드를 만든다는 건 더 이상 덩치 큰 공장을 세우거나 근사한 쇼룸을 가지는 것이 아닐 수도 있다. 소규모의 가구를 파는 인플루언서를 모아둔 플랫폼이 또 다른 가구 브랜드가 될 수도 있고, 사람들이 공감할 공간의 이야기를 정보로 제공하는 것이 가구 브랜드가 될 수도 있다. 또 침대 프레임 대신 매트리스만 판매하는 회사가 새로운 가구 브랜드가 될 수도 있다. 그만큼 우리는 개개인의 취향과 특성을 인정하며 고객을 집단으로 바라보지 않는 신선한 시각으로 서비스를 제공해야 한다. 한국 시장에서 브랜드를 만들려면 고객의 정의부터 다시 설계하고 고객이 생각하는 공간이란 무엇인지 먼저 이해해야 할 것이다.

아이템은 발견이다

사람들이 나를 만날 때 공통적으로 가장 많이 하는 질문이 있다.

"셀러문에서 가장 많이 판매되는 아이템이 뭐예요?"

그럴 때마다 진짜 답을 알려주기에는 너무 많은 설명이 필요하기도 하고, 어쩌면 알려주고 싶지 않은 마음으로 "그냥 먹는 것들요" 하고 대충 얼버무리고 만다. 물론 과자 같은 식품 카테고리가 사람들에게 쉽게 팔리는 불패 아이템인 것은 맞다. 하지만 잘 팔리는 아이템의 '성격'을 꼽으라면 이야기는 달라진다.

여러 나라를 여행하며 잘 팔리는 아이템과 잘나가는 브랜드를 직접 체험했지만, 이들을 제대로 이해하게 된 건 셀러문을 운영하면서부터다. 셀러문은 외국에 사는 사람들이 직접 '셀러'가 되어 상품을 판매한다는 점에서 공급에 차별점을 둔다. 현지의 셀러들은 어디에서도 볼 수 없는 유니크한 아이템을 직접 경험하고 판매하여 셀러문이라는 비즈니스를 완성하는 데 큰 도움을 주었다. 그들이 추천하는 아이템과 브랜드는 내가 알고 있는 것보다 훨씬 더 다양했고, 유명한 브랜드라 하더라도 한국에서는 찾아보기 힘든 새로운 아이템이 많았다. 그렇게 전 세계 셀러들의 다양한 아이템을 한 플랫폼에 모아두고 무엇이 팔리고 무엇이 팔리지 않는지 구분하고 보니 잘 팔리는 아이템의 성격이 좀 더 명확해졌다.

잘 팔리는 아이템은 희소가치가 있는 아이템만은 아니다. 사람들은 해외 상품을 단지 한국에 없다는 이유만으로 구매하지는 않았다. 한국에도 다양한 목적을 가진 특별한 물건이 차고 넘치기 때문이다. 그럼에도 불구하고 해외에 살고 있는 사람을 통해 타국의 물건을 구매하는 이유는 해외에서 직접 사용하고 체험한 뒤 공들여 물건을 고르고 파는 이의 경험을 체험하고 싶기 때문이다. 그러다 보니 실제 물건을 판매하는 사람의 경험에 따라 어떤 아이템은 인기를 끌기도 하고, 어떤 아이템은 한없이 소외되기도 한다. 결국 지속해서 팔리는 아이템은 그것을 판매하는 사람의 시각이 담긴 '발견'에 가까운 것이었다.

발견에는 두 가지 방법이 있다. 새로운 상품 자체를 찾아낼 수도 있고, 똑같은 상품이라도 목적의 차이를 알아낼 수도 있다.

상품 자체를 찾아내는 것은 좀 더 넓은 시각에서 시장의 수요와 그 흐름을 파악해야 한다. 잘 팔리는 아이템의 트렌드는 분명히 존재한다. 하지만 이러한 경향은 바람의 방향에 따라 파도가 바뀌듯 금세 변하기 마련이다.

반면 하나의 상품에 대해 서로 다른 목적의 차이를 알아내는 것은 시장의 변화에 흔들리지 않는 완벽한 아이템을 발견하는 것이다. 사람들이 이 물건을 왜 사용하는지 생각하고, 이 물건을 사용할 대상이 정확히 누구인지를 생각하며, 그들이 어떤 이유로 물건을 다시 구매할지를 생각한다면 우리는 고객에게 선택받는 완벽한 아이템을 발견할 수 있다.

최근에 나도 새로운 아이템을 발견했다. 코로나가 일상에 스며들어 재택근무와 혼자만의 생활이 길어지는 요즘, 기이한 현상이 일어나고 있다. 바로 식사 시간은 짧아지고, 간식 시간이 길어진 것이다. 외부에서 활동하는 시간이 줄어들자 사람들은 집에서 여유를 즐길 달콤한 것에 더 많은 투자를 한다고 한다.

이러한 현상은 셀러문에서도 동일하게 일어났다. 과자 매출이 눈에 띄게 늘어난 것이다. 사람들은 달콤하고, 예쁘고, 눈앞에 두면 즐거움을 느끼게 하는 아이템들을 찾았다. 그러는 중에 한 고객의 이야기를 듣게 되었다.

"샤브레 더 이상 지겨워요. 쇼트브레드 먹고 싶어요."

나는 이 말이 뜻하는 바를 한참 동안 생각했다. 샤브레는 프랑스 버터 쿠키를 대표하는 과자고, 쇼트브레드는 영국 버터쿠키를 대표하는 과자다. '샤브레 말고 쇼트브레드.' 고객은 한국 과자 시장을 이 말 한마디로 압축했다.

　한국 시장에는 프랑스 과자가 대체로 많다. '샤브레'라고 하면 우리나라 사람의 대부분이 어떤 한 과자를 떠올리지만, '쇼트브레드'라고 하면 영국으로 여행이나 유학을 다녀온 사람들만 알아듣는다. 한국 과자 시장은 프랑스 과자의 점유율이 높다.

　나는 여기서 새로운 시장을 발견했다. 우리가 쇼트브레드를 가져오면 어떨까? 기존의 과자 시장과 유사하지만 한편으로 색다른, 새로운 생태계를 만들어보고 싶다는 욕심이 생겼다.

　수많은 종류의 쇼트브레드 중 잘 팔릴 아이템을 발견하는 데는 내가 그동안 각양 각지에서 아이템을 찾아낸 기술과 셀러문을 운영하며 익힌 노하우가 큰 도움이 되었다. 재료(1장 소재)를 엄선해 유기농 쿠키를 선택했으며, 고객 흥미를 충분히 끌 디자인(2장 감각)에 집중했고, 고객이 지불할 적정 가격(4장 가격)을 계산하며, 균형 있는 아이템을 찾으려 6개월간 노력했다.

　마침내 우리는 스코틀랜드의 아일랜드베이커리와 독점계약을 맺고, 현재 '아일랜드베이커리'와 '셀러문쿠키'라는 두 가지 이름으로 한국 시장에 유기농 쿠키 아이템을 선보이고 있다.

하지만 아직까지는 새로운 상품을 찾아낸 것뿐이다. 상품의 사용 목적을 새롭게 발견하는 일은 지금부터가 시작이다. 누가 이 쿠키를 먹을지, 어떻게 하면 쿠키의 동화 같은 패키지를 사람들이 사랑하게 될지, 어떤 이유로 쿠키를 다시 구매할지는 나만의 새로운 발견으로 고객을 설득해야 한다.

이것은 실전 이야기이다. 이미 누군가에 의해 세상에 나온 아이템을 새롭게 발견하는 과정은 우리 각자만의 고유한 영역이며, 발견에 성공한 사람은 발견된 아이템이 브랜드로 성장하는 모습을 지켜볼 수 있을 것이다.

우리는 모두 같은 목적을 가지고 있다. 누구보다 먼저 아이템을 찾아내고 사람들 입에 오르내리는 브랜드를 만들어 시장에서 경쟁력을 갖추고 싶은 것이다.

이 책이 잘 팔리는 아이템을 대신 찾아내 추천해주지는 않지만, 특별한 아이템을 발견해내는 태도를 수많은 사례와 함께 전하고 있다. 우리는 아이템을 발굴할 때도, 발굴한 아이템을 브랜드로 성장시킬 때도 공급자라는 태도를 잊지 말아야 하며, 무엇보다 고객을 이해해야 한다. 그럴 수만 있다면 그 어떤 대박 아이템도 만들어낼 힘이 우리에게 생길 것이다. 이 책을 통해 당신도 새로운 아이템을 발견하고, 시장에서 성공하길 바라며 글을 마친다.

1장 아이템의 탄생은 소재로부터

- 국기헌, 멕시코 "美, 불법 체류 자국민 1천 807명 추방 예상", <연합뉴스>, 2019.07.15., https://www.yna.co.kr/view/AKR20190715004700087
- 마뉴팍투라 공식 홈페이지: https://www.manufaktura.cz/en/
- 아질 부티크 공식 홈페이지: https://shopazil.com/
- 프라하 공식 관광 안내: https://www.prague.fm/
- https://ko.wikipedia.org/wiki/%EB%A9%95%EC%8B%9C%EC%BD%94-%EB%AF%B8%EA%B5%AD_%EC%A0%84%EC%9F%81
- https://ko.wikipedia.org/wiki/%EC%82%AC%EC%9E%A5%EC%84%9D
- https://ko.wikipedia.org/wiki/%EC%9B%94%EC%9E%A5%EC%84%9D
- https://ko.wikipedia.org/wiki/%EC%9E%A5%EC%84%9D
- https://ko.wikipedia.org/wiki/%EC%84%B8%EC%BF%BC%EC%9D%B4%EC%95%84

- https://ko.wikipedia.org/wiki/%EC%B2%B4%EC%BD%94%EC%9D%98_%EB%A7
%A5%EC%A3%BC

2장 구매를 부르는 감각적인 아이템

- 아르텍 공식 홈페이지: https://www.artek.fi/en/
- 알토대학교 공식 홈페이지: https://www.aalto.fi/en/
- 핀란드 렌실린키 다리 안내: https://betoni.com
- https://ko.wikipedia.org/wiki/%EC%95%8C%EB%B0%94%EB%A5%B4_%EC%95%
8C%ED%86%A0

3장 어떤 상품이든 명품으로 만드는 정보의 비밀

- 메르시 공식 홈페이지: https://www.merci-merci.com/fr/
- 셰익스피어 컴퍼니 공식 홈페이지: https://shakespeareandcompany.com/
- https://www.cnrtl.fr/definition/merci
- https://ko.wikipedia.org/wiki/%EC%85%B0%EC%9D%B5%EC%8A%A4%ED%94%
BC%EC%96%B4_%EC%95%A4%EB%93%9C_%EC%BB%B4%ED%8D%BC%EB%
8B%88

4장 소비자가 생각하는 합리적인 가격은?

- 캐롤라인 콕스, 《빈티지 주얼리》, 투플러스, 2021
- 헤르만 지몬, 《헤르만 지몬 프라이싱》, 쌤앤파커스, 2017
- 허연, "무명작가부터 피카소까지.. 그림 값 어떻게 결정되나", <매일경제>, 2011.11.11.,
https://www.mk.co.kr/news/special-edition/view/2011/11/733050/

- 브링센 앤티크 상점: http://www.forenadeantikokonsthandlare.se/empty_30.html
- 빈 미술사 박물관 공식 홈페이지: https://www.khm.at/
- 스웨덴 앤티크 협회: http://www.forenadeantikokonsthandlare.se/
- 페이퍼블랭크스 공식 홈페이지: https://www.paperblanks.com
- https://ko.wikipedia.org/wiki/%ED%94%BC%ED%84%B0%EB%A5%B4_%EB%B8%8C%EB%A4%BC%ED%97%90_%EB%8D%94_%EC%95%84%EC%9A%B0%EB%8D%94

5장 100년 동안 사랑받는 아이템의 조건

- 툴라 카르얄라이넨,《토베 얀손, 일과 사랑》, 문학동네, 2017
- 핀란드 국립 미술관·아테네움 미술관,《토베 얀손 창작과 삶에 대한 욕망 1914-2001》, 작가정신, 2017
- 무민월드 공식 홈페이지: https://www.moominworld.fi/
- 바르톨루치 공식 홈페이지: https://www.bartolucci.com/
- 바이오코스마 공식 홈페이지: https://www.biokosma.ch/
- 스톡버그 공식 홈페이지: https://stockberg.ch/
- 아라비아 핀란드 공식 홈페이지: https://arabia.fi/
- https://ko.wikipedia.org/wiki/%EC%97%90%EB%8D%B8%EB%B0%94%EC%9D%B4%EC%8A%A4

6장 사람들은 체험할 수 있는 물건을 구매한다

- 비루 공식 홈페이지: http://virubeer.com/
- 에스토니아 관광 안내: https://www.visitestonia.com/en/
- 까사 바뜨요 공식 홈페이지: https://www.casabatllo.es/
- 츄파춥스 공식 홈페이지: https://chupachups.es/

- https://ko.wikipedia.org/wiki/%EC%B8%84%ED%8C%8C%EC%B6%A5%EC%8A%A4

7장 아이템에 추억을 더하면?

- 파프리카 마켓 공식 홈페이지: https://www.paprikamarket.hu
- https://en.wikipedia.org/wiki/Albert_Szent-Gy%C3%B6rgyi

8장 전 세계 잘나가는 브랜드의 비결

- "FIKA와 스웨덴 커피 문화", <바리스타뉴스>, 2018.06.18., http://baristanews.co.kr/culture/fika%EC%99%80-%EC%8A%A4%EC%9B%A8%EB%8D%B4%EC%9D%98-%EC%BB%A4%ED%94%BC-%EB%AC%B8%ED%99%94/
- 갭 공식 홈페이지: https://www.gapinc.com/en-us/
- 나이키 공식 홈페이지: https://www.nike.com/
- 노르웨이 시어터 카페 안내: https://guide.michelin.com/en/oslo-region/oslo/restaurant/theatercafeen
- 스웨덴 노르딕 박물관 공식 홈페이지: https://www.nordiskamuseet.se/
- 아디다스 공식 홈페이지: https://www.adidas.com/
- 에스프레스 하우스 공식 홈페이지: https://espressohouse.com/
- 에스프레소 하우스 페이스북: https://www.facebook.com/espressohousenorgee/
- 이케아 공식 홈페이지: https://about.ikea.com/
- 인디텍스 공식 홈페이지: https://www.inditex.com/
- 조앤더주스 공식 홈페이지: https://www.joejuice.com/
- 조앤더주스 페이스북: https://www.facebook.com/joeandthejuice/
- 트레이더조 공식 홈페이지: https://www.traderjoes.com/
- H&M 공식 홈페이지: https://www.hm.com/

- Amy Graff, "Who's making Trader Joe's food? A look at where generics might come from", *SFGATE*, 2015.12.07., https://www.sfgate.com/news/article/Who-s-making-Trader-Joes-food-brand-relationships-6680520.php
- Ashley Lutz, "How Trader Joe's Sells Twice As Much As Whole Foods", *BUSINESS INSIDER*, 2014.10.07., https://www.businessinsider.com/trader-joes-sales-strategy-2014-10
- Dennis Mclellan, "Joe Coulombe, founder of Trader Joe's, dies at 89", *Los Angeles Times*, 2020.02.29., https://www.latimes.com/obituaries/story/2020-02-29/la-me-joe-coulombe-trade-joes-dead
- "Kaspar Basse, Founder and Chairman of Joe & The Juice", *Goldman Sachs*, 2019.10.04., https://www.goldmansachs.com/insights/talks-at-gs/kaspar-basse.html
- Rina Raphael, "Coffee, Sandwich, And A Side Of Edgy: How Joe & The Juice Aims To Take Over The U.S.", *Fast Company*, 2017.11.01., https://www.fastcompany.com/3066489/coffee-sandwich-and-a-side-of-edgy-how-joe-the-juice-aims-to-take-over-the
- Roman Rogoza, "History and Meaning Behind Adidas Logo", *LOGASTER*, 2020.03.27., https://www.logaster.com/blog/adidas-logo/
- Vince Dixon, "What Brands Are Actually Behind Trader Joe's Snacks?", *EATER*, 2017.08.09., https://www.eater.com/2017/8/9/16099028/trader-joes-products
- "Logos that became legends: Icons from the world of advertising", *INDEPENDENT*, 2008.01.04., https://www.independent.co.uk/news/media/logos-that-became-legends-icons-from-the-world-of-advertising-768077.html
- "Zara For Just In Time Management Commerce Essay", *UKEssays*, 2015.01.01., https://www.ukessays.com/essays/commerce/zara-for-just-in-time-management-commerce-essay.php?vref=1
- https://www.eater.com/2017/8/9/16099028/trader-joes-products
- https://ko.wikipedia.org/wiki/%EC%9D%B8%EB%94%94%ED%85%8D%EC%8A%A4

- https://ko.wikipedia.org/wiki/H%26M
- https://ko.wikipedia.org/wiki/%EC%8A%A4%EC%9A%B0%EC%8B%9C
- https://ko.wikipedia.org/wiki/%EC%9E%89%EB%B0%94%EB%A5%B4_%EC%BA
  %84%ED%94%84%EB%9D%BC%EB%93%9C
- https://en.wikipedia.org/wiki/Donald_Fisher

컨셉은 발견이다

1판 1쇄 인쇄 2021년 10월 6일
1판 1쇄 발행 2021년 10월 13일

지은이 노한나
펴낸이 고병욱

책임편집 유나경 **기획편집** 윤현주 장지연
마케팅 이일권 김윤성 김도연 김재욱 이애주 오정민
디자인 공희 진미나 백은주 **외서기획** 이슬
제작 김기창 **관리** 주동은 조재언 **총무** 문준기 노재경 송민진

펴낸곳 청림출판(주)
등록 제1989-000026호

본사 06048 서울시 강남구 도산대로 38길 11 청림출판(주) (논현동 63)
제2사옥 10881 경기도 파주시 회동길 173 청림아트스페이스 (문발동 518-6)
전화 02-546-4341 **팩스** 02-546-8053
홈페이지 www.chungrim.com
이메일 cr1@chungrim.com
블로그 blog.naver.com/chungrimpub
페이스북 www.facebook.com/chungrimpub

ⓒ 노한나, 2021

ISBN 978-89-352-1364-1 03320